JN424927

김대중과 주은래 평화외교사상 재조명

이춘복 편저

연세대학교 대학출판문화원

김대중과 주은래 평화외교사상 재조명

편저자 이춘복
펴낸곳 연세대학교 대학출판문화원
주 소 서울시 서대문구 연세로 50
전 화 02) 2123-3380~2
팩 스 02) 2123-8673
e-mail: ysup@yonsei.ac.kr
http://press.yonsei.ac.kr
등 록 1955년 10월 13일 제9-60호
인 쇄 (주)동국문화

2015년 10월 26일 1판 1쇄
ISBN 978-89-6850-129-6 (93340)

값 **15,000**원

서문

본서는 2015년 1월 김대중도서관과 남개대 주은래정부관리학원이 공동으로 개최한 "김대중-주은래 평화외교사상 재조명" 학술회의의 결과물이다. 김대중 대통령과 주은래 수상은 연세대학, 남개대학과 각별한 인연을 가지고 있다. 우선, 김대중 대통령은 아태평화재단 이사장 시절인 1994년 남개대학교 명예교수로 위촉된바 있고 연세대 김대중도서관은 김대중 대통령께서 퇴임 후 기증해서 만드신 아시아 첫 대통령도서관이다. 또한 남개대학교는 주은래 총리의 모교이고 남개대 주은래정부관리학원은 중국 내에서 지도자 이름으로 명명된 유일한 단과대학이다.

이에 2015년 1월 두 지도자와 직간접적으로 인연을 맺고 있는 연세대 김대중도서관과 남개대 주은래정부관리학원이 연세대에서 공동으로 이들의 외교사상과 실천을 학술적으로 발굴하고 현실적으로 재조명하는 학술회의를 개최한바 있다. 본서는 금번 학술회의 발표논문을 수정 보완하여 출판한 것으로서 공동학술회의 결과물이다.

김대중 대통령(1926-2009)과 주은래 수상(1898-1976)은 20세기 한국과 중국이 배출된 대표적인 국가지도자이자 외교가이다. 비록 세대와 살아온 시대가 조금 다르지만 두 분의 외교와 평화에 대한 지대한 관심과 실천, 그리고 영향력은 자국을 넘어 세계적인 정치지도자로서 자리매김하게 하였다.

주은래 수상이 제기한 상호존중·구동존이(求同存異)를 근간으로 하는 평화공존 5항 원칙은 지금까지 중국외교의 골격을 이루고 있고, 9.11이후 다양성과 포용성을 필두로 하는 문명의 공존이 필요한 시점에 국제관계의 새로운 원칙으로 자리잡고 있다. 김대중 대통령이 일관되게 추진해온 햇볕정책은 그 결실로 평양을 직접방문하여 6·15 남북공동선언을 성사시켰다. 이는 50여 년간 지속되어온 북한과의 적대적 대결의 벽을 허물고 냉전을 해소하여 한반도와 동아시아의 평화와 화해를 위해 크게 기여하였고 이러한 공로로 노벨평화상을 수상하게 된다. 두 분 공히 외교에서 평화와 공존, 대화를 중시하는 공통점을 발견할 수 있고 기타 정치가들과 다른 독특한 점은 단순한 이익에 기초한 협상보다 원칙에 입각한 철학과 가치관이 분명했다 는점이다.

평화공존의 5원칙은 영토·주권의 상호존중, 불침략, 내정불간섭, 평등·호혜, 평화공존등의 5개원칙이다. 이는 대국주의를 강력히 반대하고 있고 중국이 지금까지 비동맹·반패권정책을 추구하는 이론적 근거를 제공하게 된다. 햇볕정책 또한 '평화, 화해, 협력'을 통한 남북관계 개선이라는 '평화를 파괴하는 일체의 도발불용의 원칙, 흡수통일 배제의 원칙, 화해협력 적극추진의 원칙'이라는 대북정책 3원칙에 기초하여 안보를 튼튼히 하는 가운데 화해협력을 적극 추진하면서 남북관계를 개선해 나가는 정책이다.

특히 햇볕정책에서 북한을 화해와 협력의 동반자로 규정하여 대화와 대북지원 등을 통해 개혁, 개방과 국제화의 길로 이끌어내는 취지의 대북정책기조나 평화공존5항 원칙의 강대국이건 약소국이건 모두 공평하게 대한다는 원칙아래 구동존이 사상을 앞세워 이념과 제도, 체제에 관계없이 평등하게 관계를 발전시켜나가야 한다는 주장은 상당히 일맥상통하는 바가 있다.

주은래가 제창한 구동존이는 '다른 의견은 일단 미뤄두고 의견을 같이 하는 분야부터 협력한다'는 의미로서 이해가 첨예하게 맞서는 외교전선에서 원칙을 지키면서도 대립보다 공통이익을 중심으로 한 대화의 중요성을 강조한 실용주의 노선의 상징어가 되고 있다. 햇볕정책 역시 '선 평화, 후 통일'이나 선이후난'(先易後難) 선경후정(先經後政), 선민후관(先民後官) 선공후득(先供後得)을 기조로 하여 원칙을 지키면서 화해와 포용으로 북한을 대화와 협력, 국제사회로 이끌어내는데 효과적이었다. 이러한 원칙을 지키면서 대화를 중요시하는 실용주의적 접근을 통해 중국은 제3세계 외교를 포함하여 미국, 일본과 화해하고 관계정상화와 수교의 단초를 마련하게 되었고 한국 역시 김대중 대통령 재임시절 남북한 화해협력과 한일화해 등 외교의 새로운 장을 열 수 있게 된 것이다.

구동존이와 햇볕정책으로 대표되는 외교사상은 현재 양안관계와 남북관계에 큰 시사점을 제공하고 있다. 2008년 이후 타이완과 대륙은 서로의 차이점은 제쳐두고 공동이익을 추구하는 구동존이의 정신, 마잉주(馬英九) 정권의 선이후난(先易後難)과 선경후정(先經後政)의 정경분리 원칙과 대륙의 이경제정(以經制政경제로정치를압도하는)과 선양후요(先讓後要먼저 양보하고 나중에 얻는 것, 이는 햇볕정책의 선공후득 원칙과 일치함)의 원칙이 맞물리면서 양안관계는 눈부신 발전을 이룩하였다. 마잉주 정권은 양안관계에 한국의 '햇볕정책'을 도입하였는데 대륙과 경제협력기본협정(ECFA)를 체결해 경협을 지원하였고 통상·통항·통우(체신)의 '대3통'을 허가하였으며 대륙인 개인의 대만관광까지 허용하였다. 2014년 현재 교역과 투자 등 경제협력 활성화로 양안 간 30여편으로 시작한 정기항공노선이 현재 8백여편 운항되고 있으며 왕래인원은 연 8백여만명에 달하고있다. 우편, 전화, 송금 등이 자유롭고 8만여개의 대만기업이 중국에 진출해 있으며, 2백만 명이 넘는 대만인이 대륙에 상주하고 있다. 대륙 역시 경제적 교류를 통해 정치적/법적통일보다 '사실상의 통일'(이는 김대중 정부의 3단계 통일론의 주장과 일맥상통) 정책을 추진해 나가고 있다. 반면 남북관계는 2008년 이후 현재까지 경색되고 냉각되어 여전히 정체상태를 면치 못하고 있다. 양안관계 발전경험이 남북관계의 향후 발전방향에 분명 시사점이 있고 향후 남북관계에도 구동존이와 햇볕정책의 사상이 빛을 발하면서 한반도에 하루빨리 평화와 번영이 깃들기 바라는 바이다.(이춘복, 본문 10장에서)

본서에는 학술회의 개회식에 두 학교 총장의 축사에 이어 김대중 대통령의 정책실천과 추진에 직접 기획하였던 임동원 전 통일부 장관의 기조강연을 비롯하여 두 대학의 관련 연구학자들이 이들의 외교사상과 실천을 학술적으로 재조명하는 글이 수록되어 있다. 구체적으로 두 지도자의 외교사상과 그 현재적 의미, 한중관계, 남북관계와 양안관계, 그리고 한국과 중국의 대 미국, 일본관계 등 포괄적 주제를 망라하고 있다. 특히 두 지도자의 연설문과 저서, 외교행보에 대한 1차 자료분석을 통해 김대중, 주은래 외교평화사상의 현재적 의미를 재조명하고 연구 성과를 단행본으로 출간하는 것은 큰 의미가 있다 할 수 있겠다.

이번 회의를 기획하고 책을 출간하는 과정에서 김대중도서관의 장신기 연구원의 노고가 컸다. 또한 금번 회의를 물심양면으로 지지하고 격려해주신 문정인 연세대 김대중도서관 관장께 감사의 말씀을 드린다.

남개대주은래정부관리학원 교수

이춘복

차 례

제 I 부(기조강연)

김대중의 평화사상과 통일철학

임동원(전 통일부장관)

제1장

김대중의 평화사상과 통일철학

임동원 | 전 통일부 장관

먼저 귀한 세미나를 기획하시고 자리에 초대해주신 연세대학교 김대중도서관 관장 문정인 교수님께 감사드립니다. 한중 양국에 있어서 김대중 대통령과 주은래 수상은 명실 공히 대표 지도자라고 할 수 있습니다. 특히 이들의 외교평화사상인 햇볕정책과 구동존이(求同存異)에서는 공히 원칙을 지키면서 화해와 공존, 대화를 중시하는 공통점을 발견할 수 있습니다. 외교관계에 있어서 이익에 기초한 협상이나 체제나 이념을 뛰어넘어 원칙에 입각한 이념으로 화해와 포용을 통해 공존과 대화를 몸소 정책적으로 실천하였습니다. 이는 원칙을 지키면서도 대화를 중요시하는 실용주의적 접근과 비견된다고 할 수 있습니다.

저는 오늘 김대중 대통령의 평화사상과 통일철학에 관하여 몇 가지 말씀드리려고 합니다. 김대중 대통령의 평화사상과 통일철학은 그의 일생에서 실천으로 이어진 사상이라는 특색을 갖고 있습니다. 한국의 현실정치, 남북관계 그리고 대외정책에서 장기간 스스로 고민하고 정책적으로 실천해 낸 사상입니다. 그의 실천적 삶은 오늘까지도 '행동하는 양심', '참여와 실천의 리더십'으로 여전히 빛나고 있습니다.

김대중 평화사상의 핵심 실천과제는 평화를 수립하여 통일을 이룩하는 것이었습니다. 그의 평화통일철학은 40여 년 전인 1970년대 초 이래 역사적인 상황변화에 적응해가면서 1995년 〈김대중의 3단계 통일론〉으로 완성됩니다. 그리고 집권 후 평화와 화해 협력의 햇볕정책으로 실천하여 마침내 2000년 6월 역사적인 남북정상회담을 통해 통일문제에 대한 남북 간의 공통인식을 이끌어내고 반세기 불신과 대결을 넘어 화해 협력의 새 시대로, 역사의 물줄기를 바꾸어 나감으로써 절정에 이르게 됩니다.

1970년대 초, 정치지도자 김대중은 남북이 상호 불인정, 힘에 의한 통일을 주장하던 시기에 전쟁을 반대하며 평화통일을 주장하기 시작했습니다. 1970년 10월 야당 대통령후보가 된 김대중은 '4대국에 의한 한반도 평화와 안전보장'과 '남북의 유엔동시가입'을 주장했습니다. 그리고 남북이 "평화적으로 공존하고 평화적으로 교류하면서 평화적으로 통일을 이룩해 나가야 한다."는 평화통일론을 주장하게 됩니다.

그는 북한을 평화와 통일의 동반자로 인식하고 있었습니다. 동족상잔의 전쟁으로 원수가 되어 불신하고 적대적 대결을 지속하며 북진통일과 승공통일을 외치던 당시 상황에서는 매우 파격적인 것이 아닐 수 없었습니다. 엄청난 용기가 필요했을 것입니다. 정적들은 그의 사상을 용공, 급진 좌파, 거짓말쟁이로 몰았습니다. 실제로 그는 5번 죽을 고비를 넘기고, 6년 감옥생활을 하고, 10년 연금 및 망명생활을 강요당했습니다. 그러나 민주주의와 평화통일의 신념을 굳건히 지키며 '행동하는 양심'으로 헌신하였습니다.

당시의 그의 주장은 결코 공허한 외침이 아니었습니다. 국제정세를 정확히 꿰뚫어 보는 통찰력을 가지고 있었고, 예리한 정세 분석력과 판단력을 갖고 있었습니다. 이 무렵 유럽에서는 새로 출범한 서독 브란트 정부가 동방정책을 통해 동-서독 정상회담(1970)을 개최하고, 소련을 비롯한 공산권과의 관계를 정상화하는 등 데탕트 프로세스가 시작되고 있었습니다. 아시아에서는 '아시아 방위는 아시아 국가의 책임'임을 선언하고 베트남전쟁 종식을 추진한 닉슨 독트린(1969)이 발표되고, 중-소 분쟁이 격화되는 가운데 미국과 중국의 화해 움직임이 싹트고 있었습니다. 김대중이 '4대국 안전보장론'을 주장한 1년 후에 중국이 유엔에 가입하여 안전보장이사회 상임이사국이 되고, 닉슨 미국 대통령의 역사적인 중국방문(72·2)이 세상을 놀라게 했습니다. 또한 5년 후에는 헨리 키신저 미 국무장관이 '4대국 남북한교차승인'을 제의하게 됩니다. 김대중은 데탕트 추세의 국제정세를 포착, 활용하여 한반도의 평화와 안전을 보장 받고 남북관계를 개선해 나가야 한다고 주장하면서 우리민족의 나아갈 길을 제시했던 것이었습니다.

1980년대 말, 국제적으로는 냉전체제가 무너지는 격동기에 접어들고, 국내에서는 6월 민주항쟁으로 국민들의 민주화와 통일의 열기가 고조되어 갔습니다. 이러한 상황을 배경으로 김대중은 3단계 통일방안을 제시했습니다. 이 통일방안은 통일을 '先민족사회 통합, 後국가통일'이라는 방식으로 점진적 단계적으로 추진해야 하며, 과도적 단계인 남북연합을 거쳐 이룩하자는 것으로 1989년 노태우 정부가 채택한 '한민족공동체 통일방안(1989)'의 기초를 제공한 바 있습니다. 25년이 지난 지금도 이 통일방안이 대한민국의 통일방안으로 확고히 자리 잡고 있는 것입니다.

1990년대 초 독일 통일과 냉전 종식, 남북기본합의서 채택 등 새로운 정세 변화에 부응하여 김대중은 광복 50주년을 맞는 1995년에 〈김대중의 3단계 통일론〉을 펴냄으로써 그의 평화통일론을 완성하게 됩니다. 그는 '남북연합'을 구성하여 남북관계를 정상화하고 '사실상의 통일' 상황부터 실현할 것을 주장했습니다. 특히 남북연합단계에서 수행해야 할 정책과제들을 구체적으로 제시한 바 있는데, 여기서 제시한 내용이 집권 후 햇볕정책의 기조를 이루게 됩니다.

1998년 집권 후 김대중 대통령은 햇볕정책을 본격적으로 추진합니다. 그는 대통령 취임사를 통해 ① 어떠한 무력도발도 결코 용납하지 않는다. ② 흡수통일 할 생각이 없다. ③ 화해 협력을 적극 추진해 나가겠다는 대북정책의 3대원칙을 천명했습니다. 확고한 안보태세를 유지하여 평화를 지키면서 남북 간에 화해 협력을 이끌어 내고 평화공존과 평화통일의 기반을 다져 나가겠다는 뜻입니다.

김대중 정부는 북한이 변할 수 있는 환경과 여건을 조성해 나가기 위해 보다 많은 접촉과 교류 협력을 추진했습니다. 북한을 신뢰해서가 아니라 신뢰를 조성하기 위해서였습니다. 특히 북한 주민들과 보다 많은 접촉과 다방면의 교류와 협력(경제·사회·문화·체육, 이산가족 등) 그리고 인도적 지원을 통해 이들의 의식 변화를 유도하여 '아래로부터의 변화'가 가능한 여건을 조성해 나가고자 한 것입니다. 독일의 경우처럼 북한 동포에 다가가서 이들의 마음을 얻는 것, 즉 민심을 얻는 것이 통일의 밑거름이 될 것이라고 확신한 것입니다. 동독시민의 마음을 얻고 이들이 서독의 손을 붙잡았을 때 통일의 문이 열렸다고 보았던 것입니다.

다른 한편으로 김대중 대통령은 한반도문제는 민족 내부문제인 동시에 국제문제라는 이중적 성격을 갖고 있으며, 남북관계 개선 발전과 한반도 평화체제 구축은 미국이 북한과의 적대관계를 해소하고 관계개선을 병행 추진해야 촉진될 수 있다고 확신했습니다. 그는 미국 클린턴 대통령을 설득하였고, 탁월한 외교적 노력을 통해 햇볕정책에 대한 지지를 이끌어 냈습니다. 그 결과, 미북 관계 개선을 위한 페리 프로세스가 시작되었고 그에 힘입어 남북관계도 큰 진전을 보게 되었던 것입니다. 2000년 6월 분단 역사상 최초의 남북정상회담이 성사된 것도 이런 노력의 결과라 하겠습니다. 남북정상회담에 연이어 미국도 북한과의 관계개선을 위한 '미북 공동코뮈니케(2000년 10월 13일)'를 채택하고 미북 정상회담을 준비하기 위해 올브라이트 국무장관의 평양방문이 실현되었던 것입니다. 그리고 2002년 9월에는 일본 고이즈미 총리도 평양을 방문하여 수교를 위한 '평양선언'을 채택한 바 있습니다. 이렇게 해서 한반도 평화 프로세스가 시작되었던 것입니다. 중국과 러시아도 이를 적극 지지했습니다.

남북정상회담 통해 평화와 통일의 길을 열다

김대중 대통령은 남북정상회담을 통해 북한 지도자를 설득하여 점진적 평화통일 모델에 대한 공통인식을 도출하는 데 성공했습니다. 〈6·15 남북공동선언〉의 2항이 바로 그것을 반영하고 있습니다. 그리고 두 정상은 다음 사항에 합의를 했습니다.

- 통일은 우리민족의 지상과제지만, 그것은 무력통일이나 흡수통일이 아니라 반드시 평화적으로 이룩해야 한다.
- 평화적 통일은 갑자기 이룩될 수 없으며, 점진적 단계적으로 이룩

해 나가는 과정이라는 데 인식을 같이한다. 통일지상주의와 통일 조급증을 배격한다.

- 평화와 통일의 과정에 가로놓여있는 어려운 문제들을 남북이 힘을 합쳐 공동으로 해결해 나가며 이를 위해 협력체인 '남북연합(북측은 '낮은 단계 연방제'로 호칭)'을 구성 운영한다.
- 평화통일은 남북이 힘을 합쳐 자주적으로 이룩해야 하지만 결코 배타적인 자주가 아니라 열린 자주이어야 한다. 외세의존이 아니라 이 땅의 주인인 우리가 주도하여 국제적 지지와 협력을 얻어 이룩해야 한다는 자주의 원칙을 확인한다.
- 통일의 과정을 시작하기 위해서는 우선 고질적인 상호불신을 해소하고 신뢰부터 조성해야 하며 그것은 말로써가 아니라 교류 협력의 실천을 통해 상호신뢰를 다져나가기로 한다.

남북 접촉과 교류 협력이 심화되면서 시민참여의 공간이 넓어졌고, 그 과정에서 상호 이해와 신뢰가 싹트기 시작했던 것입니다. 자연히 적대의식이 수그러들었고 긴장이 완화되었던 것입니다. 반세기 불신과 대결의 시대를 넘어 화해와 협력의 새 시대를 열어 나가게 된 것입니다. 김대중 대통령은 이러한 화해 협력과정이 진척되면서 조만간 남북연합을 구성하여 '사실상의 통일' 단계에 진입할 수 있을 것으로 기대했던 것입니다.

그러나 남북관계는 아직도 화해 협력단계에서 헤매고 있습니다. 지난 6년간 역풍을 만나 화해 협력의 공든 탑은 무너지고 남북관계는 경색되었습니다. 교역과 투자 등 경제협력은 전면 중단되고 대북지원사업도 사실상 중단되었습니다. 금강산 관광, 북한방문 등 남북의 교류와 협력은 허가되지 않습니다. 개성공단만이 겨우 명맥을 유지하고 있는 실정입니다.

박근혜 정부의 출범 초 '한반도 신뢰 프로세스'를 대북정책으로 내걸었지만 먼저 북한이 핵 폐기를 위한 조치 등으로 신뢰를 보여줘야 한다는 전제조건을 내세우고 있습니다. 또한 2013년 초 제기한 '통일대박론'은 사그라져가던 통일담론에 불을 지피고, 통일에 무관심하던 사람들에게 통일의 당위성을 일깨워주는 데 도움이 된 것은 사실입니다. 그러나 우리 측이 5·24조치를 고수하며 아무런 행동을 취하지 않는 상황에서 신뢰 프로세스는 한걸음도 떼지 못하고 있습니다. 더구나 북한이 통일대박론을 북한의 급변사태와 흡수통일의 수단으로 간주하면서 상황은 더욱 꼬이고 있습니다.

북한을 붕괴임박론이 아니라 점진적 변화론의 시각에서 보고, 급변사태와 흡수통일을 기다릴 것이 아니라 점진적 단계적 평화통일을 지향하며, 굴복과 붕괴를 도모하는 대결정책이 아니라 화해 협력의 포용정책을 추진해 나가야 합니다. 안보태세를 유지하여 평화를 지키면서 동시에 안보위협을 근원적으로 해소하는 적극적 평화를 만들어가야 합니다. 또한 '先북핵해결, 後남북관계'라는 잘못된 전략이 아니라 양자를 병행하여 해결해 나가는 전략이 필요합니다. 이것이 김대중 대통령이 추진했던 남북관계 개선과 평화통일을 위한 통일철학이요, 햇볕정책이었습니다. 그의 평화사상과 평화통일철학을 되새기며, 화해와 협력단계를 넘어 남북연합단계에 진입하여 남과 북이 서로 오고 가고 돕고 나누는 '사실상의 통일' 상황을 실현해야 하겠습니다.

제Ⅱ부

김대중, 주은래의 외교사상

제2장

김대중 대통령의 평화외교사상[1]

문정인 | 연세대학교 정치외교학과 교수

김대중 대통령은 재임 중 민주주의와 인권의 신장, 경제위기의 극복, 햇볕정책과 남북관계의 개선, 그리고 생산적 복지의 추진 등 많은 업적을 남겼다. 그중에서도 햇볕정책을 통해 한반도의 평화를 실현하려던 김 대통령의 외교적 노력은 매우 높게 평가할 수 있을 것이다. 대통령의 이러한 업적을 국제정치사상사적 측면에서 어떻게 자리매김 할 수 있을까? 가령 미국의 우드로우 윌슨 대통령 하면 자유주의 외교정책의 상징적 인물로 분류되는 반면, 로날드레이건은 현실주의 외교정책을 성공적으로 이끈 대통령으로 평가되고 있다. 그러나 김대중 대통령은 어느 한 사상사적 조류에 국한되지 않고 정교하고 복합적인 외교철학과 리더십을 통해 한반도와 동북아, 그리고 세계 평화를 추구했다고 할 수 있다.

1 2015년 1월 26일 연세대 김대중 도서관 주최 "김대중과 주은래의 평화 사상" 국제회의 발표 논문. 이 글의 일부는 문정인, "피스키핑에서 피스메이킹으로: 그의 외교철학을 다시 본다," 강원택 외, 『김대중을 생각한다』(서울: 삼인, 2011), pp. 89-96쪽에서 발췌했음을 밝힌다.

1. 김대중 대통령과 평화

'평화'란 무엇인가? 국제정치학적인 개념에서 평화는 적극적 평화와 소극적 평화로 구분된다. 케네스 볼딩 같은 학자들의 주장에 따르면 소극적 평화는 분쟁의 발발을 억제하는 것이다. 바꾸어 말하면 전쟁이 없는 상태를 소극적 평화라 할 수 있는 것이다. 반면 적극적 평화는 전쟁의 구조적 원인 자체를 제거해 항구적인 평화를 조성하고 공동체의 성원들이 자유, 평등, 그리고 정의를 누리는 것을 의미한다.[2] 적극적 평화의 상태는 우리가 지향해야 할 이상이지만 역사상 실현된 경우는 없다 하겠다.

평화를 이루기 위한 단계적 접근에는 세 가지가 있다. 평화 유지(peace-keeping)와 평화 만들기(peace-making), 그리고 평화 구축(peace-building)이 그것이다.[3] 평화 유지는 전형적인 소극적 평화의 확보 개념으로 군사력을 통한 도발의 억제를 의미한다. 전통적으로 군사력 증강과 동맹 강화를 통해 전쟁을 '억지(deterrence)'하는 것이 평화 유지에 해당한다. 또는 유엔 평화유지군의 역할처럼 분쟁 상태가 더 악화되는 것을 방지하는 것도 이 범주에 속한다.

'평화 만들기' 역시 소극적 평화의 확보 방안 중 하나다. 왜냐하면 전쟁의 원인을 구조적으로 제거하기보다는 불안정한 분쟁 상항을 한시적으로 관리하는 데 역점을 두고 있기 때문이다. 그러나 평화유지보다는

---

2 Kenneth Boulding, *Stable Peace* (Austin: University of Texas Press, 1979).

3 Chung-in Moon, *The Sunshine Policy* (Seoul: Yonsei University Press, 2012), pp. 9-12.

더 진화된 개념이라 할 수 있다. 여기서는 신뢰 구축이 핵심 축이 된다. 경제, 사회, 정치적 신뢰 구축의 단계를 거쳐 군사적 신뢰 구축이 있어야 평화 만들기가 가능하다. 경제, 사회, 인적 교류 협력과 정상회담 또는 각료 회담 개최와 같은 정치적 신뢰 구축은 일반적으로 군사훈련의 상호 통보 및 참관, 핫라인(직통 전화) 개설, 정보·군사 인력 상호 교류, 통합 위기관리 센터 설치와 같은 군사적 신뢰 구축으로 나타난다. 나아가 공세적 무기의 후방 배치, 새로운 첨단무기의 수입 또는 증강 금지를 포함한 군비통제나 감축 등도 중요한 군사적 신뢰 구축의 하나이다. 이와 더불어 분쟁의 잠정적 또는 지속적 중단을 위한 휴전협정이나 평화협정도 '평화 만들기'의 주요 방안들이다.[4]

궁극적으로 지향해야 할 바는 평화 구축이다. 이는 분쟁의 구조적 원인을 없애는 것이다. 적대적 쌍방이 항구적인 선린 관계가 형성하거나 하나의 국가로 통합되는 것이 이에 해당한다. 독일 철학자 임마누엘 칸트가 그의 저서 〈영구 평화론〉에서 제시한 세 가지 방안을 제시하고 있다.[5] 첫째는 자본주의 평화론이다. 무역을 하는 국가 간에는 전쟁이 발생할 가능성이 적다는 것이다.[6] 전쟁이 일어나면 무역에서 손실이 발

4 Jonathan Alford (ed.), *The Future of Arms Control Part III: Confidence-building Measures*: Adelphi Papers 149 (London: IISS, 1979); 유럽의 맥락에서는 John J. Holst and Karen A. Melander, "European Security and CBMs," *Survival* (July/ August 1977); 한국적 맥락에서는 임동원, 『피스 메이커』 (서울: 중앙 북스 2008).

5 Immanuel Kant, *Perpetual Peace: A Philosophical Essay* translated by Campbell Smith (New York: Liberal Arts Press, 1949).

6 Michael Doyle, "Kant, Liberal Legacies, and Foreign Affairs, Part I," *Philosophy and Public Affairs*, vol. 12, no. 3 (Summer, 1983), pp. 205–235; Erich Weede, *Balance of Power, Globalization and the Capitalist*

생한다. 그런데 무역을 하는 사람은 각국의 정책 결정에 영향을 미칠 수 있는 엘리트로 자국 정부의 전쟁 선포를 막을 수 있는 힘이 있다. 영국의 '맨체스터' 학파가 주장하는 '무역을 통한 평화' 이론이 여기에 해당한다.

둘째는 공화정 국가 사이에서는 전쟁이 일어나지 않는다는 이른바 '민주평화론'이다.[7] 민주주의 국가 사이에서 전쟁이 일어나지 않는 것은 권력 간 견제와 균형이 발생하기 때문에 지도자의 자의적인 전쟁 선포를 막을 수 있다는 이유에서다. 상대국도 민주주의 국가일 경우 2중의 잠금 장치가 작동한다. 실제로 OECD국가들 사이에서는 전쟁이 일어난 적이 없다.

마지막으로 시장경제와 민주주의라는 공동의 가치를 공유하는 국가들 사이에서는 안보 공동체를 쉽게 만들 수 있다는 것이다. 그런 국가들은 전쟁의 위험을 피하기 위해 '세계 평화 연방'을 설립할 수 있을 것이고 이를 통해 영구적인 평화가 가능하다는 것이 칸트의 설명이다. 궁극적인 평화 구조화는 집단 안전보장 체제(collective security system)를 통해 가능하다는 것이다.[8]

이러한 평화 개념에 기초 할 때 김대중 대통령은 평화에 대해 어떠한 관점을 가지고 있었을까? 그의 평화관은 다음 대목에서 잘 들어나고 있다.

Peace (Berlin: Liberal Verlag GmbH, 2005).

7 Bruce Russett and John Oneal, *Triangulating Peace: Democracy, Interdependence, and International Organization* (New York: W.W. Norton, 2001), Ch. 1–2.

8 George W. Downs (ed.), *Collective Security beyond the Cold War* (Ann Arbor: Univ. of Michigan Press, 1994).

"무엇 때문에 싸워야 하고, 무엇을 위하여 죽어야 하는가. 공산군이 물러나면 좌익이, 한국군이 물러나면 우익이 죽어야 했다. 사상이란 도대체 무엇이란 말인가. 개인과 민족의 행복 위에 사상이 군림해야 한단 말인가. 나는 전쟁을 보았다. 그 후 평생 민족의 화해와 전쟁이 없는 세상을 꿈꾸었다."[9]

그의 평화관은 6·25라는 전쟁의 참화 속에서 만들어졌다. '전쟁이 없는 세상'은 그가 꿈꾸던 이상이었다. 그러나 전쟁이 없어야 하는 이유는 개인과 민족의 행복을 위한 것이었다. 행복은 화해, 자유, 평등, 정의가 구현될 때 가능하다고 보았던 것이다. 바로 칸트가 그리던 평화의 이상을 김대중 대통령도 평생 추구해 왔던 것이다. 그러한 평화를 추구하는 과정에서 김 대통령은 이상주의나 도그마에 빠지지 않았다. 평화의 실현이라는 원칙하에서 그는 유연했고 실용적이었다. '평화 유지'를 위해 그는 때때로 현실주의적 대안을 채택했고, 그러나 거기에 머물지 않고 '평화 만들기'와 '평화 구축'이라는 자유주의적 접근을 과감히 추진했던 것이다. 그리고 그는 그 과정에서 역지사지의 구성주의적 안목을 줄곧 유지했던 것이다.

2. 평화유지와 현실주의자 김대중

김대중 대통령은 일반적으로 자유주의의 표상으로 알려져 있다. 그

9 김대중, 『김대중 자서전』 제1권 (서울: 삼인, 2010), p. 26.

러나 그의 외교정책을 자세히 들여다보면 국익 중시의 현실주의적 면모가 강하게 나타나고 있다. 원래 현실주의는 무정부적 국제관계에서 살아남기 위해서는 국력, 특히 군사력의 증강을 통해 자력갱생해야 한다고 처방하고 있다. 그리고 어떤 국가도 완벽한 국력을 확보할 수 없기 때문에 동맹을 추구해야 하며, 동맹은 곧바로 세력 균형의 논리와 연결되는 것이다.[10] 김대중 대통령의 평화사상의 저변에는 이러한 현실주의적 경향이 강하게 깔려 있는 것이다.

김 대통령의 대표적 정책은 햇볕정책이고, 그 정책의 제1원칙은 "북한의 어떠한 무력도발도 용납하지 않겠다"이다.[11] 이는 두 가지 함의를 내포한다. 하나는 어떠한 수단을 써서라도 한반도에 전쟁이 발발하는 것을 막아야 한다는 의지의 표명이며, 다른 하나는 만에 하나 북한이 무력도발을 해올 경우, 이를 강력히 응징하겠다는 것이다. 서해교전 사태에서 볼 수 있듯이 북한의 군사도발에는 강력한 응징을 가했다. 그뿐 아니다. 김대중 대통령 재임 중 IMF 사태 기간 중 국가 경제가 어려울 때를 제외하고는 국방비가 지속으로 증강되었고 군사혁신 (Revolution in Military Affairs) 교리 채택을 통하여 한국군의 현대화와 과학화에도 각별한 노력을 경주했다. 그리고 김 대통령은 전쟁발발을 예방하고 평화를 유지하기 위해 한미동맹의 강화를 일관되게 강조해 왔다.[12]

그의 자서전에 나온 한 대목을 보자. "주변 강국들이 패권 싸움을 하

---

10 Hans Morgenthau, *Politics among Nations: The Struggle for Power and Peace* 7th edition (New York: McGraw Hill, 2006).

11 Chung-in Moon, *The Sunshine Policy*, op. cit., chapter 1, pp. 17-39.

12 권영근, 김종대, 문정인 공저, 『김대중과 국방』 (서울: 연세대학교 출판문화부, 2015년 발간 예정) 참고.

면 우리 민족에게 고통을 주게 되지만, 미군이 있음으로써 세력균형을 유지하게 되면 우리 민족의 안전도 보장 받을 수 있습니다."[13] 2000년 남북 정상회담 시 김 대통령이 김정일 위원장에게 했던 말이다. 김정일 위원장도 이에 화답을 했다. "김 대통령께서는 '통일이 되어도 미군이 있어야 한다'고 말씀하셨는데, 그것은 제 생각과도 일치합니다." 두 정상이 공유했던 현실주의의 모습이다. 물론 2000년 남북정상회담에서 김대중 대통령이 이 대목을 유독 강조했던 것은 국내정치적 이유도 있었다. 당시 한국의 보수 세력들은 김대중 대통령을 용공분자로 부각시키면서 그가 집권하는 동안 한미동맹이 약화될 것이라는 주장을 해왔다. 따라서 주한 미군과 한미동맹 문제를 거론한 것은 이러한 국내정치적 움직임을 감안한 포석이라 할 수 있다. 그러나 그는 한반도의 평화와 안정은 주변 4강의 역학관계에 의해 크게 영향을 받는 것으로 인식했고, 그에 대한 현실주의적 처방으로 한미동맹 불가피론을 고수했던 것이다.

김 대통령의 현실주의는 그의 '4대국 보장론'에서도 잘 나타나고 있다. 1971년 대선에 야당 후보로 출마한 김 대통령은 당시 반공 일변도의 냉전 구조하에서 감히 염두도 낼 수 없던 '4대국 보장론'을 들고 나왔다. 이 구상은 "4대국이 한반도를 차지하고자 청일·러일 전쟁 같은 위험한 도발을 하지 않고, 또 남과 북을 부추겨서 전쟁을 일으키지 않겠다는 약속을 받아 내겠다는 것"으로 "4대국에 일종의 불가침 조약"을 요구한 것과 다를 바 없었다. 당시 박정희 후보는 이 제안을 "조국의 국방을 외국에 맡기려는 사대주의적 발상이며 미치광이 짓"이라고까지

13 김대중, 『김대중 자서전』 제2권 (서울: 삼인, 2010), p. 315.

폄하했다.[14] 역사를 보는 김 대통령의 혜안과 통찰력을 볼 수 있는 대목이다. 김 대통령 스스로 자서전에서 지적하고 있듯이 6자 회담은 '4대국 보장론'의 진화론적 변형이라 볼 수 있기 때문이다.

3. 김대중 대통령과 자유주의 평화 사상

김대중 대통령은 본질적으로 자유주의자다. 그는 국제체제를 약육강식의 무정부 상태로 보지 않았다. 일련의 규범, 원칙, 규칙, 그리고 공동의 이익과 연계망 등이 국제사회에 존재하고 있기 때문에 국가 간 협력과 조화는 얼마든지 가능하다고 보았던 것이다. 토마스 홉스가 주장했던 '만인이 만인에 대한 투쟁', 또는 '적자생존'의 사회적 다윈주의(Social Darwinism)가 국제 정치의 기본질서가 되어서는 안 된다는 신념을 보여 주었다. 쉽게 말해 김 대통령은 인간이 기본적으로 선하기 때문에 진실한 자세로 교류와 협력을 해 나가면 신뢰를 구축하고 평화를 가져 올 수 있다고 믿었던 것이다.

김 대통령의 자유주의 철학은 평화공존, 평화교류, 평화통일의 "평화 3원칙"을 기초로 하는 햇볕정책에서 잘 나타나고 있다.[15] 전쟁을 거부하는 평화 우선주의, 흡수통일과 무력 통일을 공히 배제하는 점진적 합의통일론, 그리고 평화통일의 수단으로서 교류·협력의 극대화 등이 그 주요 골자이다. 특히 김 대통령은 군사적 억지력을 통해 평화를 유

---

14 앞의 책, pp. 278-279.
15 김대중, 『3단계 통일론: 남북연합중심으로』 (서울: 한울, 2000).

지하는(peace-keeping) 것도 중요하지만, 한반도의 불안정한 평화를 남북한 신뢰 구축, 군비통제 그리고 평화체제를 통해 안정적으로 관리해 나가는(peace-making) 과정에 역점을 두었다. 그리고 시장경제와 민주주의 확산을 통해 통일과 안보공동체를 형성해나가는 평화 구축(peace-building)을 장기적, 대승적 목표로 두었다.

햇볕정책의 제 2원칙은 "흡수통일을 포기한다."는 것이다. 김대중 대통령이 독일식 통일방안인 흡수통일에 대해 반대 입장을 취했던 이유는 고질화된 남북한의 이질화 현상, 높은 비용과 불안정성 그리고 이러한 정책 추진 시 예상되는 남북 간의 불신의 증폭 등을 감안할 때 현실적 대안이 될 수 없다는 것이었다. 특히 베트남식의 무력통일은 더더욱 수용할 수 없다는 입장을 취했다. 통일은 한민족의 평화와 공동번영을 위한 수단이지 그 자체가 목적이 될 수 없기 때문에 평화와 번영을 파괴하는 전쟁을 통해 민족통일을 달성하겠다는 것은 빗나간 통일지상주의와 다를 바 없다고 보았던 것이다.

햇볕정책의 제3원칙은 "남북 간에 교류 협력을 확대하여 서로 간에 신뢰를 구축하고 평화공존과 사실상의 통일을 실현한다"이다. 여기에는 김 대통령의 냉철한 현실 인식이 깔려 있다. 남과 북, 어느 쪽도 주권을 포기하지 않는 상황하에서 하나의 주권을 전제로 한 통일을 이룬다는 것은 현실적으로 불가능하다고 보았기 때문이다. 따라서 교류·협력의 확대를 통해 법적인 통일이 아닌 사람과 물자가 자유로이 오갈 수 있고 전쟁의 위협이 없어진 사실상의 통일 상태를 모색했던 것이다.[16] 그러기 위해서는 1992년 남북기본합의서의 실천을 통해 경제, 사회문

16 Chung-in Moon, *The Sunshine Policy*, op.cit chapter 7 참고.

화, 정치 분야에 있어서의 교류·협력을 강화시켜 나가고 남북한 간의 군사적 신뢰 구축을 모색해야 한다고 믿었던 것이다.[17] 그리고 이를 바탕으로 휴전협정 체제를 평화협정 체제로 전환시키고 남북 간에 평화공존이 확실해 지면 남북연합이라는 중간 단계로서의 사실상의 통일을 실현시킬 수 있을 것으로 보았다. 이는 1988년 당시 노태우 정부가 발표한 바 있는 한민족 공동체 통일방안과 맥을 같이하는 것이라 하겠다.

여기서 남북연합(union of North-South Korean states)이란 유럽연합과 동일한 정치제도라 보면 될 것이다. 남북이 각자의 주권을 유지하는 가운데 정상회담, 각료회담, 국회회담 등을 정례화하고 교류·협력을 제도화시켜 나가는 한편, 궁극적으로는 하나의 주권을 전제로 하는 단일민족국가, 연방(federation) 또는 낮은 단계의 연방(confederation) 등의 법적 통일을 모색하는 방안을 의미한다. 놀라운 것은 1차 남북정상회담 기간 중 김대중 대통령이 연방 또는 낮은 단계의 연방을 고수해온 북의 김정일 위원장을 설득, 연합 방식에 의한 통일 방안에 대한 수렴점을 찾았다는 것이다. 이는 6·15 공동선언 2항에 잘 나타나 있다. "남과 북은 나라의 통일을 위한 남측의 연합제안과 북측의 낮은 단계의 연방제안이 서로 공통성이 있다고 인정하고 앞으로 이 방향에서 통일을 지향시켜 나가기로 하였다." 남과 북이 통일 방안에 대해 서로 논의하고 공통점이 있다고 인정한 것은 처음 있는 일이었다.

교류·협력 과정에서 김 대통령은 독특한 양태의 상호주의를 적용했다. 즉, "먼저 베풀고 나중에 득을 취하고(先供后得)," "쉬운 것부터 먼

17 Chung-in Moon, *Arms Control on the Korean Peninsula* (Seoul: Yonsei University Press, 1996).

저하고 어려운 것은 서서히 하며(先易后難)," "경제 교류를 먼저하고, 정치 교류는 나중에 하는(先經後政)" 동시에 "관이 어려우면 민을 먼저 활용하는 (先民後官)" 방식을 취했던 것이다.[18] 보수진영에서는 이러한 접근을 일방적 '퍼주기' 또는 '저자세' 정책으로 매도했지만 이러한 유연성 있는 대북 정책 때문에 지난 정부에서는 정치, 군사적 긴장관계에도 불구하고 남북교류·협력이 지속될 수 있었던 것이다. 서해가 "전쟁의 바다"가 되어 군사적 긴장이 고조되어 있을 때에도 동해에서는 남측의 관광객들이 금강산 방문을 계속하는 등 "평화의 바다" 가 조성된 바 있다.

이는 엄격한 의미에서 마잉주 타이완 총통이 제안하고 후진타오 주석이 수용한 바 있는 양안 간에 형성된 건립호신(建立互信), 각치쟁의(擱置爭議), 구동존이(求同存異), 그리고 공창쌍영(共創雙贏)이라는 4가지의 합의와 유사하다 하겠다. 첫 번째, 김 대통령은 북한과의 신뢰를 새롭게 구축하지 않는 한, 북측과 의미 있는 소통, 교류·협력, 그리고 평화공존도 이룰 수 없다고 본 것이다. 그리고 서로 쟁점이 되는 사안들을 뒤로 미루고, 서로 다름을 인정하면서도 그 속에서 같음을 지향하는 한편, 어느 한쪽이 이득을 보면 다른 한쪽이 손해를 보는 '제로섬' 게임이 아니라 쌍방이 모두 득을 보는 'win-win' 상황을 같이 만들어 나가야 한다고 믿었던 것이다.

김대중 대통령은 남북 관계뿐 아니라 동아시아 지역에 있어서도 협력과 통합의 질서를 강조해 왔다. 동아시아 공동체 구상이 그 대표적 사례다. 그는 동아시아 비전그룹을 제창하고 ASEAN+3의 제도화를 주

18 이 개념은 임동원 당시 외교안보 수석이 1999년 3월 11일 민족화해협의회 조찬 연설에서 최초로 제시된 바 있다.

도하는 동시에 동아시아 자유무역지대를 기초로 한 동아시아 공동체 구상을 마하티르 당시 말레이시아 수상과 더불어 구체화시킨 바 있다.[19] 이 뿐만 아니라 안보 면에서도 '공동안보, 포괄안보, 협력안보'를 기초로 한 동북아 다자안보 협력구상에 적극적 자세를 보인바 있다.

앞서 지적했듯이 김대중 대통령은 한미 양자동맹의 유용성을 인정한다. 그러나 군사동맹에 기초한 기존의 안보질서로는 안보딜레마를 효과적으로 관리해 나가기 어렵다고 보았다. 왜냐하면 양자동맹을 기초로 한 한미집단방위체제(collective defense system)는 궁극적으로 가상이든 실제로든 역외에 공동의 적과 위협을 상정하고 있기 때문이다. 배타성과 세력 균형을 전제로 한 군사동맹하에서는 안보 딜레마가 지속될 수밖에 없다. 이러한 안보 딜레마를 극복하는 최선의 길은 무력불사용과 분쟁의 평화적 해결, 개방성, 그리고 회원국 중 어느 한 국가가 침략행위를 했을 때 '집단 응징(All against one)'의 원칙을 특징으로 하는 집단 안전 보장 체제(collective security system)라고 믿는다.[20] 집단안전 보장체제는 유엔 헌장의 중심적 규범으로 작용하고 있다. 그러나 이러한 안보공동체를 단시간에 달성하기는 어렵다. 따라서 동북아 집단 안전 보장 체제를 구축하기 전에 다자 안보 협력의 제도화에 역점

---

19 당시 김대중 대통령 제안으로 동아시아 비전그룹이 구성이 됐고 그 결과 동아시아 공동체 논의가 탄력을 받기 시작했다. 김대중 대통령의 이러한 행보에 대해 미국 정부가 우려를 표하기도 했다. 자세한 것은 Chung-in Moon and Seung-joo Lee, "South Korea's Regional Economic Cooperation Policy: The Evolution of Adaptive Strategy," in *Northeast Asia: Ripe for integration?* (Springer, 2008), co-edited by Vinod K. Aggarwal, Min Gyo Koo, and Seung joo Lee, pp.37-61.

20 Charles W. Kegley, Jr. and Eugine R. Wittkopf, *World Politics*, 7th edition (Boston: St. Martins, 1999), p. 471.

을 둔다. 이를 위해서는 공동, 포괄, 협력안보에 대한 공감대가 형성되어야 한다고 보았던 것이다. 이는 최근 중국의 시진핑 주석의 신 아시아 안보구상과 맥을 같이한다고 하겠다. 시 주석 역시 이 구상에서 협력, 공동, 포괄, 그리고 지속가능한 안보를 제안하고 있기 때문이다.

무엇보다 역내 국가들 간에 공동안보(common security)에 대한 공감대 마련이 시급한 것은 자국 안보우선주의가 만연할 때 동북아의 집단안보체제 구축은 어려워지기 때문이다. 특정국의 안보 문제가 역내 모든 국가의 안보 문제로 비화될 수 있다는 공동안보 인식이 선행되어야 한다. 바로 그런 이유에서 김 대통령은 주변 모두와의 선린 외교를 강조했던 것이다. 그리고 적대적 또는 준 적대적 국가들 간에 공동 안보 의식을 고취시키기 위한 포괄적 안보(comprehensive security)의 활용이 필요하다고 보았다. 공동안보에 필수적인 것은 역내 국가들 간의 신뢰 구축이다. 그러나 적대, 또는 준 적대 관계에 있는 국가들끼리 군사적 신뢰 구축을 모색하는 것은 쉽지 않다. 따라서 경제, 환경, 에너지, 과학 기술, 사회 문화 등 비군사 분야의 교류, 협력을 통한 신뢰 구축을 우선적으로 모색하고 이를 통한 군사 부분에 대한 파급효과를 노렸던 것이다. 마지막으로는 협력안보(cooperative security)의 활성화와 제도화를 모색했다. 공동안보의 공감대를 형성하고 포괄 안보를 추진하는 데 있어 역내 국가의 정부(track-I), 정부-민간 혼합(track-1.5), 그리고 민간(track II) 기구들 간의 교류, 협력을 활성화하겠다는 것이다. 이 모든 내용은 그가 주도했던 동아시아 비전그룹의 최종 보고서에 잘 나타나고 있다.

그리고 일부 진보 세력의 비판이 있기도 했지만 김 대통령은 세계화의 흐름을 거부하지 않고 오히려 정면에서 수용하여 무한 경쟁의 새로운 패러다임에 전향적으로 적응해 나갔다. 또한 세계화가 야기하는 숱한 도전들을 일방주의나 양자주의로 해결하는 것이 아니라 다자주의 협력을 통해 해결하려고 노력했던 것이다. 특히 민주주의와 인권, 디지털 디바이드 극복, 개발 협력은 김대중 대통령이 재임 중 열정적으로 추진했던 글로벌 아젠다였다.

김 대통령은 영토와 주권의 보존, 번영과 복지의 추구, 그리고 국격(國格)의 신장이라는 국익을 소중히 여겼다. 그러나 이러한 국익의 추구가 지역의 이익, 세계적 이익과 상치되는 것을 바라지 않았다. 이들 사이의 상호 보완성을 인정하고 공통분모가 있다는 전제하에 외교 정책을 전개해 왔다. 따라서 배타적 민족주의, 중상주의, 그리고 패권주의를 배격했던 반면, 국가, 지역, 세계 수준에서의 '윈-윈'의 상생과 공영이 가능하다고 믿었던 것이다. 아마 이런 점에서 김 대통령은 아시아를 대표하는 탁월한 자유주의 지도자로 오래 기억 될 것이다.

4. 역지사지의 외교 리더십 – 구성주의의 새 얼굴

김대중 대통령은 자유주의자이지만 그 저변에는 강력한 구성주의적 정서가 있었다. 국제정치사상의 최근 사조인 구성주의는 국제 관계에서의 조화와 협력은 상대방의 정체성을 인정하고 존중할 때 가능하다는 것을 이론적 기초로 삼고 있다.[21] 사실 2차 대전 후 발생한 전 세계

21 Alexander Wendt, *Social Theory of International Politics* (Cambridge: Cambridge University Press, 1999); .Emanuel Adler and Michael Barnett

전쟁의 90%가 세력다툼이나 국가이익의 충돌 때문이 아니라 민족, 종족 정체성의 충돌에서 유래한 것으로 집계되고 있다. 상대방의 정체성을 부인하면 상대방 역시 나의 정체성을 부인하기 마련이다. 그리고 상대방을 위협으로 간주하면, 상대방 역시 나를 위협으로 간주할 수밖에 없는 것이다. 때문에 역지사지(易地思之)를 조화와 협력의 국제관계에 주요한 작동원리로 간주해 왔다. 아마 김대중 대통령처럼 구성주의에 투철한 지도자도 드물 것이다. 그의 자서전에서 인용해 보자.

> "나는 각국의 정상들과 대화를 할 때 나름의 몇 가지 원칙이 있었다. 첫째는 어떤 경우에도 상대방에게 '아니다(No)'라고 하지 않는 것이다. 둘째는 되도록 상대방 말을 많이 들어주는 것이다. 셋째 상대방과 의견이 같은 대목에서는 꼭 '내 의견과 같다'고 말해 주는 것이다. 넷째 할 말은 모아 두었다가 대화 사이사이에 집어넣고, 그러면서도 꼭 해야 할 말은 빠뜨리지 않는 것이다. 다섯째 회담 성공은 상대의 덕이라는 인상을 주도록 하는 것이다. 여섯째가 가장 중요한데, 상대를 진심으로 대하는 것이다."[22]

아마 이런 자세가 김 대통령을 존경 받는 국제적 지도자로 만들었던 것 아닌가 생각된다. 그러나 이런 태도가 정치적인 부담으로 작용하기

(eds), *Security Communities* (Cambridge: Cambridge University Press, 1998); Peter Katzenstein(ed.), *The Culture of National Security: Norms and Identity in World Politics* (New York: Columbia University Press, 1996).

22 김대중, 『김대중 자서전』 제2권, p. 315.

도 했다. 북한 인권문제가 그것이다. 김 대통령이 평소 강조했던 보편적 가치와 자유주의 시각에서 보면 북한 인권은 즉각적인 비판과 규탄의 대상이 되어야 했다. 그러나 그는 미얀마의 민주주의와 인권 문제에서는 목청을 높이면서도 정작 북한 인권문제에 대해서는 소극적 자세를 취해 왔다. 보수 진영에서는 이를 두고 김 대통령을 "위선적인 자유주의자" 또는 "이중가치론자"로 폄하해 왔다.

이러한 비판에도 불구하고 김 대통령이 신중한 자세를 취할 수밖에 없었던 것은 북을 역지사지의 입장에서 배려하는 구성주의 경향 때문이었다. 국민의 정부가 북의 인권과 민주주의 문제를 정면에서 제기할 경우, 북은 이를 자신의 체제를 압살하기 위한 내정 간섭으로 인식하고 교류협력을 단절하고 적대적으로 돌아설 것이 분명했기 때문이다. 상대를 정면에서 비판하면서 대화하자고 제의하면 그 대화가 성사되기 어렵다. 더구나 인권문제 제기가 북한 내부의 실질적 인권 개선으로 연결되지 않고 오히려 북측 주민들에 대한 인도적 지원마저 위태롭게 할 수 있기 때문이었다.[23]

5. 맺는 말

이렇게 보면 김대중 대통령은 다양한 평화사상을 동시에 추구하고 있었던 것이다. 모순적으로 보일 수 있으나 자신의 가치와 국익 추구를

---

23 Jong-Yun Bae and Chung-in Moon, "South Korea's Engagement Policy," *Critical Asian Studies*, Vol. 45, No.4 (2013).

절묘하게 조화시킨 것이라 하겠다. 그분이 즐겨 이야기하던 '선비의 양심과 상인의 지혜'가 그의 평화사상에도 잘 녹아 있는 것이다. 자유주의와 구성주의는 선비의 양심에서, 그리고 현실주의는 상인의 지혜에서 나오는 것 아닌가 하는 느낌이 든다. 김 대통령이 노벨 평화상을 수상하고 국제사회의 존경을 받는 것은 이러한 철학적 성찰, 역사적 안목, 냉철한 실천력에 기초한 글로벌 리더십의 결과라 할 수 있을 것이다.

그러나 여기에 하나 더 추가시켜야 할 덕목이 있다. 그것은 다름 아닌 용기다. 이는 노벨 평화상 위원회의 김대중 대통령에 대한 다음 2000년도 노벨상 선정 이유에서 명료히 드러나고 있다.

"노벨평화상은 지금까지 이룩해온 조처에 대해 수여되는 것입니다. 그러나 노벨평화상의 역사에서 자주 보아온 것처럼 평화와 화해를 위한 머나먼 길에 진척이 있기를 격려하는 뜻도 담겨 있습니다. 이는 넓은 범위에서의 용기의 문제입니다. 김대중 대통령은 고착화된 50년의 적대 관계를 청산하고 아마 세계에서 가장 중무장된 전선 너머로 협조의 손길을 뻗으려는 의지를 지녀 왔습니다. 그의 의지는 개인적, 정치적 용기이며, 유감스럽게도 다른 분쟁지역에서는 너무 자주 결여되어 있는 것이기도 합니다. 일반적 삶에서 적용되는 똑같은 이치가 평화를 위한 노력에도 적용됩니다."[24]

24 김대중, 『김대중 자서전』 제2권, p. 388.

제3장

주은래 구동존이(求同存異) 사상의 현실적 의의

우즈청(吴志成) | 남개대 주은래정부관리학원 교수

츠잉(迟永) | 남개대 주은래정부관리학원 박사과정생

'구동존이(求同存異)' 사상은 1955년 4월 주은래 총리가 아시아 아프리카 회의에서 아시아와 아프리카 각국의 단결과 협력을 도모하고, 상호 이해 증진을 위해 제시한 하나의 중요한 외교원칙이다. 이 원칙은 주은래 외교사상의 중요한 구성부분으로 중국이 여러 다양한 국가들과 우호 관계를 맺고 발전하는 것을 추진하여 신중국 외교사업의 새로운 국면을 여는 데 탁월한 성과를 거두었다. 나아가 주은래는 당대 중국과 국제사회에서 가장 영향력 있는 뛰어난 외교가로 평가 받게 되었다. 현재는 복잡한 국제형세와 전 세계적 도전이 끊이지 않고, 국가 간 상호 의존이 날로 심해지는 새로운 역사 시기에 놓여 있다. 주은래의 '구동존이' 원칙은 새로운 시기 외교를 원활히 이끌고, 국제사회에서 갈등과 충돌을 효과적으로 해결하며, 우호 관계 발전과 세계 평화를 옹호하는 등 매우 중요한 현실적인 의의를 가지고 있다.

1. 주은래 '구동존이' 사상의 제기

주은래는 신중국 외교를 개척하고 창시한 핵심 인물로, 신중국 성립 이후 오랜 기간 동안 국무원 총리 겸 외교부장을 맡아 직접 신중국의 외교 사업을 이끌었다. 그 과정에서 다양한 외교 실천을 통해 자신만의 독특한 외교사상과 외교 풍격을 이루어냈다고 평가 받고 있다. '구동존이' 사상은 특수한 역사적 배경에서 등장하였다.

우선 신중국 성립 초기, 국내에서는 지체되었던 모든 사업들이 다시 시행을 준비 중이었고, 국제환경은 복잡하고 열악한 상황에 놓여 있었다. 미국을 포함한 서양 국가들로부터 정치적 고립, 경제적 봉쇄 및 군사위협에 직면하고 있었다. 이에 중국은 신중국의 전략 안전과 발전을 위하여 사회주의 국가와 우호적인 외교관계를 맺고 발전시키는 것 외에도, 이제 막 국가 독립을 이룬 아시아, 아프리카, 라틴아메리카의 제3세계 국가와 민족해방을 맞은 피압박 민족과 인민들을 쟁취하는 것에 주력하였다. 왜냐하면 당시의 제3세계 국가 대부분 식민주의와 제국주의의 억압을 받은 적이 있었기 때문이다. 그러나 신식민주의 세력 또한 이러한 새로운 제3세계 국가들을 위협하고 있었다. 신중국과 아시아 아프리카 국가들은 역사적 경험과 안전 이익을 공유하고 있었고, 따라서 신중국이 제시한 평화공존 5대원칙은 아시아 아프리카 국가의 많은 옹호와 지지를 받았다. 이것이 '구동존이' 사상이 생기게 된 시대적 배경이었다.

둘째, 아시아 아프리카 회의(이하 반둥 회의)의 소집으로 '구동존이' 사상을 제기할 수 있는 국제적인 기회가 생겼다. 2차 대전이 끝난 후, 아시아 아프리카의 많은 국가들이 민족독립을 하였다. 영국, 프랑스 등

악명 높은 식민주의 국가들은 식민 이익을 유지하고자 힘썼고, 미국은 아시아 아프리카 지역에서 영국과 프랑스를 배제하는 대신 식민주의자의 위치를 대체하고자 하였다. 외래의 침략과 간섭에 반대하고 민족 독립을 견고히 하며 상호 간의 단결과 협력을 강화하기 위하여 아시아 아프리카 국가의 국민들은 처음으로 반둥 회의를 열기로 결정하였다. 당시 중국은 주은래를 수석대표로 하는 대표단을 파견하여 회의에 참석하였다.

반둥 회의를 개최한 주요 목적은 아시아 아프리카 각국 인민들의 단결과 우정을 강화하고, 각 국가가 직면하고 있는 공통 문제에 대하여 논의하는 것이었다. 그러나 회의에 참여한 많은 국가에서 사회제도와 이데올로기의 차이가 존재했고, 미국의 훼방으로 인해 회의는 시작되자마자 심각한 언쟁과 의견차이로 대치 국면에 빠져 들었다. 당시 일부 국가 대표들은 발언의 공격 방향을 중국으로 정하고 중국을 마구 비난하였다. 회의가 기로에 빠지게 되자 주은래는 보충 발언을 통해 '중국 대표단은 단결을 도모하러 온 것이지 언쟁을 하러 온 것이 아니다.', '이 회의에서는 개인의 사상의식과 각 국가의 정치제도를 홍보할 필요가 없다.', '우리의 회의는 '구동존이' 해야 한다.' '중국대표단은 공통점을 찾으러 온 것이지 다른 점을 내세우러 온 것이 아니다.' 라고 밝혔다. 또한 중국과 아시아, 아프리카, 라틴아메리카의 공통 목표는 바로 '아시아, 아프리카의 국민들 대다수는 모두 식민주의로 인한 재난과 고통을 받은 적이 있고, 지금도 여전히 받고 있는 것'에 기초로 한다. '식민주의의 고통과 재난을 벗어나는 데서 공통의 기초를 찾으면 서로 우려하고 두려워하거나 서로 배척하고 대립하는 것이 아니라, 더욱 쉽게 서로 이해 존중하고, 동정과 지지를 보내게 될 것이다.'고 하였다. 회의에서 가장 논쟁이 치열했던 사상의식, 종교, 신앙, 자유 및 (정부)전복활동 등의 민감한 문제에 대하여 주은래는 솔직하고 공정한 태도로 중국 정부의 주장을 밝혔다. 즉 '아시아 아프리카 국가에는 서로 다른 사상의식과 사회제도가 존재한다. 그러나 이는 우리가 같은 것을 찾고 단결하려는 것에 방해가 되지 않는다.' '우리 공산당은 무신론자이다. 그러나 우리는 종교 신앙이 있는 사람들을 존중한다. 우리는 종교 신앙이 있는 사람들도 종교 신앙이 없는 사람을 존중해야 한다고 생각한다.' '중국은 이웃 국가 정부가 전복활동을 하는 것을 지원할 의도가 없다. 반대로 중국은 미국 정부의 거리낌 없는 전복활동의 피해를 받고 있다.'[25]

주은래는 보충 발언을 통해 '구동존이' 외교사상에 대해 심층적으로 설명하였고, 회의 방향을 바꾸는 데 중요한 역할을 하였다. 그 결과 회의가 합의의 방향에 이르도록 하였으며, 평화공존5원칙을 바탕으로 하는 반둥10원칙을 도출도록 하였다. 주은래의 발언과 그의 성실한 태도는 회의에 참여하는 각국 대표들의 칭찬을 받았다. 또한 '구동존이' 사상의 제기는 반둥 회의가 아시아 아프리카 국가와 인민이 단결을 위한 성대한 모임이 되게 하였다. 이번 회의는 중국 외교의 새로운 국면을 열기도 하였다. 주은래는 뛰어난 정치가, 외교가 및 전략가의 기백으로 '구동존이' 외교사상을 전 세계로 나아가게 하여 이 사상을 세계 각국이 평화공존을 실현하는 기본방침으로 삼게 하였다. 반둥 회의를 기회로, '구동존이' 외교사상을 바탕으로 신중국은 아시아 아프리카 국가들과

---

25 参见中华人民共和国外交部, 中共中央文献研究室：《周恩来外交文选》, 北京：中央文献出版社, 1990年版, 第120—125页.

평화공존을 이루고 우호 협력관계를 맺는데 박차를 가하였다.

반둥 회의 이후 주은래는 구동존이 사상을 수 차례 보충, 논술하여 더욱 완벽하게 다듬었다. 1955년 5월, 그는 세계여성민주연맹(Women International Democratic Federation) 유제니 코튼(Eugenie Cotton) 회장 회견 시 '세계 각국의 정치제도, 이데올로기가 서로 다르므로 같아지기 힘들다. 우리는 공통점을 찾되 다른 점을 인정하고 논쟁하지 말아야 한다'라고 하였다.[26] 또한 1957년에 주은래는 다음과 같이 발언하였다. '사회주의 국가들이 모든 문제에 관하여 같은 견해를 가지는 것은 아니다. 각 국가가 가진 원칙이 일치된 부분이 중요한 것이지 다른 의견을 가지고 있는 것은 부차적인 문제이다. 그리고 이러한 서로 다른 견해는 마르크스·레닌주의의 공통의 기초 위에 동지(同志)적인 논의와 협상을 통하여 합의점을 찾을 수 있다. 비록 단시일 내에 합의점을 찾기 힘들지만, 단결관계를 중시한다면 이러한 다른 견해를 남겨두는 것도 정상적이다. 이는 사회주의 국가 간에도 구동존이의 방침을 적용할 수 있다는 점을 명확히 하였다.'[27]

1970년대 초에 국제 정세의 변화에 따라 중미, 중일관계에 전환을 맞이하였다. 이에 미국 대통령과 일본 총리가 연이어 중국을 방문하였다. 중미, 중일관계의 발전을 위해 주은래는 '중국과 미국, 일본은 사회제도가 근본적으로 달라서 양국 정부 간에 어느 정도 차이가 존재한다. 그러나 이는 양국의 평등한 관계에 장애가 되어서는 안 된다. 중미 양국은 솔직한 의견 교류를 통하여 서로의 차이를 제대로 인식하고, 합의

26 《周恩来外交文选》, 第145页。

27 《周恩来外交文选》, 第196页。

점을 찾는 데에 힘을 써서 양국 관계가 새로운 시작이 되도록 하였다. 중국과 일본 양국도 노력을 통하여 충분히 협상하고 '대동(大同)'을 구하고 '작은 차이(小異)'를 인정하면 중일 국교 정상화는 반드시 실현할 수 있다'고 제시하였다.[28]

세 번째로 '구동존이' 사상은 주은래 개인의 사상 특징과 관련 있다. 그는 중국 전통문화의 영향을 깊이 받았는데, '구동존이' 사상 중에는 역사적으로 전승해 내려온 중화민족의 '화합사상'이 내포되어 있다. 오랫동안 '화를 귀히 여기는 것(和爲貴)'은 중화민족의 기본 가치의 선택 방향이었고 중국 사회사상의 뼈대였다. 『논어 · 자로(論語 · 子路)』에서 '군자는 다른 사람들과 조화를 이루나 같지 아니하고, 소인은 다른 사람들과 같으나 화합하지 못한다(君子和而不同, 小人同而不和)'라고 하였다. 사람과 사람의 화해 공존을 개성 차이의 바탕 위에 놓고 실질적으로 내재적인 화합 통일을 추구하는 것이다. 조화를 이루지만 천편일률적이지 않고, 다르지만 서로 충돌하지 않는다. 화합을 이루어 공생하고 발전하며, 다른 것은 서로 보완하여 나아가도록 한다. 주은래의 '구동존이' 사상과 전통사상 '화이부동'의 공통점은 바로 갈등을 해결할 때 공통적인 사상기초를 추구하고, 의견 차이를 보류하고, 원칙성과 융통성을 서로 결합하는 것이라고 할 수 있다. 주은래는 항상 당과 국가의 이익으로부터 출발했고, 당시의 역사적인 필요를 중심으로 '공통점'을 찾는 것을 통하여 불일치를 해결하고 '다른 점'을 받아들여서 논쟁을 그만두고 최종적으로 얻을 수 있는 모든 요소들을 얻고 단결할 수 있는 모든 역량들을 단결하였다. 주은래도 스스로 감격한 듯 강철과 시멘트

28 《周恩来外交文选》, 第493−494页。

는 성질이 다른 물질이지만 결합하면 철근콘크리트와 같은 강력한 물질이 된다고 언급하였다.

주은래는 변증법적 유물주의 사유방식으로 복잡한 문제를 통찰력 있게 분석하고 과감히 결정 내리는 것을 선호하였다. 유물주의 변증법은 주은래 사유방식의 핵심이었다. 이러한 사유방식은 그가 독창적으로 국제적 모순과 차이를 해결하고 '구동존이' 사상을 제기할 수 있도록 하였고, 실천 속에서 '구동'과 '존이'의 구체적인 길을 찾을 수 있도록 방법을 제시하였다. 주은래는 청년기 유학시절과 초기 혁명투쟁작업 중에서 줄곧 '구동존이'의 변증법적 사상을 따랐다. 그는 혁명 투쟁 중에서 각 측면의 서로 다른 의견을 조정하고, 복잡한 갈등 속에서 일치점을 찾았다. 한편으로 '구동존이'를 이용하여 적극적으로 자신의 통일전선을 확대하여 모든 역량들을 단결하였고, 동시에 자신의 기본원칙을 준수하여 서로 존중하고 너그럽게 포용하여 귀감이 되고자 하였다.

'구동존이'를 실천하는 과정 속에서 그는 전반적인 국면을 고려하고, 예술적이면서도 공산당과 인민을 근본 이익을 출발점을 하고, 원칙성과 전략적 융통성의 통일을 고수하였다.[29] 1936년 그는 장쉐량(張學良), 장제스(蔣介石) 및 국민당 내부, 소비에트와 제3인터내셔널 등과 효과적인 소통을 통하여 시안사변(西安事變)을 평화적으로 해결하였다. 1954년 그는 인도, 미얀마 등 개발도상국 국가와의 적극적인 소통을 통하여 평화공존5원칙을 제시하였다. 제1차 제네바 회의에서 그는 17도선으로 인도차이나반도를 구획하는 문제, 또 양측 교전 집결지로 정

29 吴敏先等 :《论周恩来"求同存异"思想的历史贡献》, 载《东北师大学报(哲学社会科学版)》1998年第3期, 第38-43页。

하는 절충적인 제안을 제시하였고 결국엔 인도차이나반도평화협의를 이루었다. 중국이 프랑스와 국교를 수립할 때에도 주은래는 '구동존이' 사상을 충분히 활용하였다. 또한 프랑스 드골(Charles De Gaulle) 대통령이 중국 지도자와 양국 관계의 문제에 대하여 회담을 진행하고자 하는 기회를 포착하였다. 이어 프랑스 에드가 포르(Edgar Jean Faure) 총리와 중국 프랑스 수교 문제에 대하여 논의를 할 때 양측 의견의 같은 점과 다른 점을 정확하게 짚어냈다. 그리고 대원칙의 입장이 불변함을 견지하면서 구체적인 관점과 일부 이익에서 타협과 양보를 하였다. 그는 중국과 프랑스 양국은 비록 사회제도가 다르지만, 중대한 국제 문제에서는 같은 입장을 가지고 있다고 여겼다. 이러한 공통된 입장이 바로 중프 국교 수립의 정치적 기초와 양국 관계를 발전시키는 공통적인 출발점으로 보았다. 주은래는 양국에서 모두 골치 아프게 여기는 타이완 문제에 관해서 '두 개의 중국'이라는 입장을 반대하는 동시에 국교를 수립하는 구체적인 절차에 있어서는 유연한 태도를 취하였다. 즉 프랑스가 제시한 먼저 양국의 국교수립에 따라서 타이완과 단교되는 방안에 대해 동의하였다. 1964년 1월 중국과 프랑스는 정식으로 외교 관계를 수립 하였다. 이는 당시에 중국이 서유럽 국가와의 관계를 강화하는 데 있어서는 큰 진전을 가져왔고, 반면 중국에 대해 적대 정책을 취한 미국에는 큰 타격을 안겨 주었다.[30]

---

30 郭伟伟：《鲜为人知的中法建交内幕》，载《党史博采(纪实)》2005年第5期，第39−42页；杨汉卿：《周恩来"求同存异"以诚释疑的外交思想和实践》，载《广西社会科学》1998年第2期，第2−5页。

2. 주은래 '구동존이' 사상의 함의

'구동존이'는 중국에서 국제적 사건에서 발생하는 각종 모순과 차이를 해결하는 기본 방침과 원칙이고, 또한 일종의 외교분쟁의 예술과 사상방법이기도 하다. 이는 국제관계와 외교에서 건설적 사유의 구체적인 표현이기도 하다. 국제관계에서 '구동'의 의미는 바로 평화공존5원칙의 기초 위에 국가 간 공유하는 사상, 공통 요구, 공통 이익을 찾는 것이다. '존이'는 국가의 사회제도, 이데올로기의 차이와 국가 간의 분쟁의 원인을 한쪽에 놓고 서로 다른 관점, 다른 주장, 다른 이익을 보류함으로써 국가 간 평화공존을 이루고자 하는 것이다. 구체적으로 말하면, '구동'은 모순된 양측에서 공통점을 찾는 것이고, 대립에서 통일을 얻는 것이다. 여기서 의미하는 공통점의 범위는 넓어서, 역사에서 현실에 이르기까지, 정치에서 경제에 이르기까지 발전 속에서 발생하는 갈등을 제어하고, 모순되는 양측의 공통점을 찾는 것이 관건이다. '존이'란 '구동'의 목적을 이루기 위하여 합의를 이루기 힘든 의견 차이를 잠시 보류하고 때가 오게 되면 해결할 수 있다. '다름(異)'은 바로 불일치로, 세계 각국이 사회제도, 국가 이익, 민족 이익 및 종교 신앙에서 차이를 가지는 것이 당연하다. 따라서 이러한 차이를 존중하고 정확하게 인식해야 한다. '존이'는 비록 차이를 잠시 제쳐두는 것이지만 투쟁을 포기하는 것이 아니며 타협과 양보를 하는 것도 아니다. 단지 부분적인 문제를 일시에 해결하기 힘들고 합의를 이루기 힘든 상황에서 이미 합의를 이룬 것들을 실행하기 위한 생각의 전환이라고 여기면 된다. 서로의 차이를 잡고 늘어지는 것이 아니라 시선을 공통점으로 돌려 결의하는 것이다.[31] 종합하자면 '존이'는 '구동'의 전제이고, '구동'은 '존이'의 요구이며, 평화공존은 '구동존이'가 목적하는 바이다.[32] 따라서 주은래가 제시한 '구동존이'는 원칙 없는 기회주의와 실용주의가 아니라 국제관계를 처리하는 일종의 협력적 태도로 평화공존5원칙의 기초에서 공통점을 찾는 것이다. 주은래는 평생의 외교실천 중에서 '대동을 추구하고 작은 차이를 인정하고(求大同, 存小異)', '다름에서 같음을 추구한다(從異中求同)', '같음을 추구하고 다름을 억제한다(求同抑異)', '같음을 추구하고 다름을 회피하지 않는다(求同立異)' 등 여러 종류의 '구동존이' 방법으로 복잡한 국제사회의 모순을 해결하였다.[33]

'구동존이' 사상 중에서 '동'과 '이'는 사물이 대립되면서 통일되는 두 측면이다. 이들의 뜻은 다르지만 또한 서로 연결되는 것이다. 우선 '구동'은 '존이'의 기초에서 생긴 것이다. 세계의 사물이 천차만별인 것은 사물이 고유의 특수 성질을 갖고 있기 때문에 사물의 일치성만 강조하면 안 된다. 다음 '존이'는 '구동'을 위하여 존재하는 것인데 사물의 움직임과 발전은 결국 사물의 일치성으로 나아가기 때문에 '존이'의 목적은 '구동'에 도달하기 위한 것이라고 할 수 있다. 마지막으로 '동'과 '이'는 상대적인 것으로 서로 스며들고 바뀌는데 사물이 일정한 운동과 발전을 거치면 필연적으로 다시 새로운 '같음'에 이르게 되고 새로운 '다

31 周以侠：《周恩来"求同存异"思维方法及其现实意义》, 载《重庆工学院学报(社会科学版)》2008年第8期, 第74-78页.

32 冯政清、周太山：《论周恩来的"求同存异"外交方法论原则》, 载《宁夏大学学报(人文社会科学版)》2013年第5期, 第88-91页。

33 刘土尧、程瑞山：《试论周恩来的"求同存异"外交思想》, 载《科学社会主义》1998年第1期, 第42页。

름'이 생기게 된다.[34] 주은래의 이러한 변증법적 사고방식을 총체적으로 이해할 때 단순하게 단지 '구동' 혹은 '존이'만을 말하는 것으로 여기면 안 된다. 이 둘은 필수적인 것이다.

주은래의 '구동존이' 사상은 '다름에서 같음을 추구하는 것(異中求同)'을 의미했다. 한편으로 단결을 강조하고, 다름에서 공통점을 찾으며 모순 속에서 통일을 찾도록 하였다. 단결은 모순 속에서 형성되고 발전한다. 인간의 마음이 서로 다른 것은 각각의 얼굴이 다른 것과 같다(人心不同, 各如其面). 사람들의 지혜, 재능, 성격이 모두 다르기 때문에 서로 모순이 존재한다. 단결은 바로 공통점 위에 여러 측면의 모순을 통일시킨 것이다. 단결에 능한 사람은 바로 공통점 위에서 모순의 통일을 잘 하는 사람이다. 다른 한 편으로 같음을 추구하는 것은 화해하고 양보하는 것이 아니라, '존이'에는 원칙의 차이가 있어서는 안 된다고 보았다. 따라서 중대한 원칙의 문제에서는 양보하지 않고 극우와 극좌의 두 가지 다른 관점을 동시에 반대해야 한다고 하였다.

주은래의 '구동존이' 사상은 '같음을 찾고 차이점을 찾지 말라(求同不求異)'고 요구하기도 했다. 한편으로 모순의 주요 측면에서 '같은 점을 찾고' 동시에 모순은 부차적인 측면 '존이' 또한 고려해야 한다고 하였다. 다른 한편으로 '구동존이'에서 모순의 주요 측면인 '구동'에 중심을 두고 '같은 점을 찾고 다른 점을 찾지 않는' 쪽에 힘써서 우선 양측의 다른 입장을 제대로 설명을 한 후에 공통점을 찾게 하는 것이다.

---

34 杨明伟：《周恩来"求同存异"的思想方法》，载《党校论坛》1991年第9期，第18−21页；李为善：《周恩来的辩证法思想和实践——纪念周恩来诞辰100周年》，载《哲学研究》1998年第4期，第11−18页。

주은래의 '구동존이' 사상은 '구동과 존이를 함께(求同又存異)' 요구하기도 하였다. '구동'은 양측의 공통점을 찾고 확대하는 것이고 '존이'는 서로 상대방의 개성을 존중하고 허락하는 것이다. '구동'은 '존이'의 목적이고, '존이'는 '구동'의 조건이며, 공통점은 모순의 여러 측면을 통일시키는 기초가 되는 것이다. 차이를 잠시 제쳐두는 것은 서로의 차이에 대한 존중과 보호라고 할 수 있고 모순을 완화하는 표현이라고 생각할 수 있다.

주은래의 '구동존이' 사상은 '차이점으로 공통점을 대비하는 것(存異以待同)'을 요구하기도 하였다. 차이점을 공통점으로 전환할 수 있도록 하고, 양적인 변화를 통하여 서로 간의 차이를 좁혀가는 것이다. 또 '작은 차이(小異)'가 '큰 차이(大異)'로 확대되는 것을 막고, 다른 점을 인정하되 논쟁을 줄이고 입장, 사상, 생활방식이 다른 문제에 대해서는 논의가 불필요하며 상호 존중해야 한다는 것이다.

3. 주은래 '구동존이' 사상의 현실적 의의

주은래의 '구동존이' 사상은 명확한 실천적 성격을 가지고 있다. 20세기의 위대한 정치가, 외교가로서 주은래는 국내외 이슈에 종횡무진으로 이 사상을 활용하였다. 그 결과 신중국이 독립자주적인 모습으로 국제무대에 오르게 하였고 중국이 세계를 향하여 나아가는 길을 개척하도록 도왔다. '구동존이' 사상은 이미 중국외교 전략을 제정하는 중요한 원칙으로 되었고, 현 시대의 중국 내정 외교, 나아가 세계 평화 사업에 여전히 중요한 현실적 의의를 갖고 있다.

첫째, '구동존이' 사상은 신중국 외교 사업의 새로운 국면을 열었다. '구동존이'의 제기로 신중국이 국제적으로 좋은 이미지를 얻었고, 아시아 아프리카 국가가 민족 독립투쟁을 쟁취하고 수호할 수 있도록 추진하였으며, 상호 단결과 협력을 강화하였다. 또한 광범위한 국제 교류를 통해 미국의 폐쇄정책을 깨고 새로운 사회주의 정권이 자리 잡고 발전할 수 있도록 하여 신중국의 가장 어려운 시기를 넘길 수 있었다. 그리고 '구동존이'의 방침을 따른 결과 중국은 외교적으로 서양 강대국과의 관계를 완화할 수 있었고, 프랑스, 일본, 미국, 독일연방, 영국 등 서구를 포함한 75개 국가와 외교관계를 맺을 수 있었다. 또한 UN에서의 모든 합법적 권리를 찾을 수 있었다. 나아가 신중국 외교의 빛나는 성과를 이루고, 중국이 개혁개방으로 눈부신 경제 발전을 할 수 있는 외부 환경을 조성하였다.[35]

둘째, '구동존이' 사상은 요즘 세계의 평화, 발전, 협력의 시대적 조류에 부합한다. '구동존이' 사상은 구체적인 상황에 구체적으로 대응하는 융통성을 고수하였다. 따라서 '원칙을 중요하게 여기나 완고하지 않고, 융통성을 갖고 적절히 장악한다(講求原則而不僵, 掌握靈活而有度).'[36] 국제관계 속에서 원칙을 불변의 교조로 고수한다면 스스로 옭아매게 되어 발전하기 힘들다. 심지어 스스로 자신을 고립시키고 폐쇄하는 지경에 이르게 된다. '구동존이' 사상은 현 시대 속에 존재하는 복잡한 문제와 모순을 해결하는 데에 여전히 의의가 있다. 또한 현 시대의

35 郑以灵:《周恩来"求同存异"外交思想的综合效应》, 载《厦门大学学报(哲社版)》1991年第2期, 第22-27页。

36 《周恩来和谐行政建设论纲》, 《国际周恩来研究会》, 2010年4月20日.

특징이라 할 수 있는 이익의 다양화, 평화와 발전에도 잘 맞다. 서로 상이한 사회제도를 갖고 있는 국가 간 관계를 처리할 때 '이데올로기'에 갇힌 제로섬(zero-sum) 게임과 냉전적 사고방식을 뛰어넘어야 한다. 국가의 이익은 다양성을 가진다. 특히 전 세계적인 문제는 날로 선명해지고 있어 '구동존이' 사상를 적극적인 활용하는 자세가 더욱 필요하다. 냉전 이후 세계는 더욱 다극화되고, 이익은 다원화되며, 분쟁과 차이는 복잡해지고 정세는 다변화되고 있다. 글로벌 이슈도 더욱 명확히 드러나 이를 해결하는 것이 시급하다. 차이가 큰 양국 간 관계를 발전시키고 평화로운 관계를 구축하려면 '구동존이' 사상의 현실적 실천에 더욱 매진해야 한다.[37] 중국과 세계 각국은 '평화, 발전, 협력'의 '같음'을 추구하고 '사회제도, 이데올로기'의 다름을 보존해야 한다. 나아가 세계 각국의 문명, 사회제도와 발전양식에 대하여 서로 의견을 교환하거나 본보기로 삼아야 하며 구동존이 속에서 함께 발전해야 한다. 현재 중국이 신형대국 관계(新型大國關係)를 구축하자는 주장도 이 사상과 잘 들어맞는다. 시진핑(習近平)은 중미 양국이 신형대국관계를 발전시키는 것은 바로 "각자가 선택한 사회제도와 발전의 길을 존중하고, 서로의 핵심이익과 관심 이슈를 존중하고 '구동존이' 하고 너그럽게 받아들이고 서로 본보기가 되며, 함께 발전하기 위해서이다."라고 하였다.[38] 다시 말해서 신형대국관계는 중국의 신세대 중앙지도부에서 외교 사안에

37 卓晓宁：《论周恩来的"求同存异"外交思想》, 载《中共南京市委党校学报》2008年第2期, 第76-79页。

38 《中方表述中美新型大国关系的核心内涵和努力方向》,《中国新闻网》, 2013年6月9日, http://www.china news.com/gn/2013/06-09/4917512.shtml (최종 검색일 : 2014年1月11日)。

제시한 새로운 목표이고 새로운 방침이라고 할 수 있다. 이는 중국의 '구동존이' 외교사상의 전통을 이어받아 '구동존이' 사상과 고도의 내적 일관성을 갖추고 있다.

셋째, 국제교류 협력을 강화하고 심화하려면 반드시 '구동존이' 원칙을 고수해야 한다. 우리의 세계는 다양한 세계로서 '같음'과 '차이'의 통일체이다. 각 국가 각 민족은 역사배경, 문화 전통, 사회제도, 경제 수준 등에서 거대한 차이가 존재하는데 바로 이러한 차이들이 세계를 다채롭게 하고 국가 간 교류와 협력을 필요로 하게 한다. 날로 빈번해지는 국제교류와 협력 속에서 반드시 구동존이의 원칙을 따라서 평등과 상호 신뢰, 서로 귀감이 되고 포용하며, 협력으로 윈-윈하는 정신을 널리 퍼트려야 한다. 또한 국제 공평정의를 함께 수호해야 한다. 이는 우호 관계를 발전시키기 위한 중요한 조건이고, 각 나라의 국민들이 공통적으로 추구하는 것이며, 현 시대 국제관계의 기본 준칙이기도 하다. '같음'에 착안하고 '같음'을 중요시하고 (목표가) 일치하는 일들을 먼저 하다 보면 끊임없는 협력 과정 속에서 상호 인식이 깊어지고 오해를 없애고 이해를 넓혀 서로 양해하는 데에 이를 수 있다. 차이가 없으면 세상은 존재하지 않는다. 각 국가 간의 차이를 인정하고 직시해야 일부 차이들을 없애거나 줄일 수 있다. 그러나 이는 과정이 필요한 것으로 넓은 도량과 인내심과 포용이 필요하다. 또한 어떤 차이는 줄이거나 없애기 힘든 것들로 이때는 '존이(存異)'에 능해야 하고 차이를 직시하여 '구동'과 협력 속에서 차이를 적절하게 처리해야 한다. 차이를 직시해야 하고 동일한 것은 더욱 중요시되고 '구동존이'의 과정 속에서 공통점을 계속 발전시키고 확대해야 한다. '구동존이'의 과정을 통하여 서로 다른 국가의 공통 이익을 실현하는 것은 인류가 서로의 관계를 처리하는 측면에 있어서 한층 더 성숙된 표지이고 인류 사회가 계속해서 발전하는 중요한 조건이기도 하다.

넷째, '구동존이' 사상은 국내 이슈를 처리하는 데 있어서, 특히 통일 전선과 민주 협상을 강화하는 데 중요한 시사점이 있다. 국내 각 계층, 당파 단체 사이에 모두 국가와 유사한 대립, 통일 관계가 존재한다. 사람들은 사회실천 속에서 모순을 분별하고, 시기적절하게 모순을 해결해야 사회 발전을 추진할 수 있다. 상호 관계의 모순이 화합을 이루지 못하는 것은 대부분 소통이 제때에 효과적으로 이루어지지 않았기 때문이다. 구동존이는 소통의 방법으로 화합에 능하다. 소통 중에 '구동존이' 하고 여기서 더 나아가 교류를 하여 최종적으로 문제가 원만히 해결되는 것이다. 구동존이는 단결과 우호의 방법을 사용하다. 그리고 내정문제와 외교문제 공히 모두 단결의 소망에서 출발하여 각 방면의 모순점을 가진 공통된 이익을 분석하고, 이해득실을 따지고 단결 가능한 모든 역량을 모은다. 주은래의 '구동존이' 사상은 덩샤오핑(鄧小平)이 내세운 '하나의 국가에 두 가지 정치제도(一國兩制)' 정책 이론의 근원이기도 하여 조국의 평화 통일 대업을 위하여 실행 가능한 노선을 제공하였다.[39] 1980년대에 홍콩 문제 해결을 계기로 하여 덩샤오핑은 홍콩이 지속적으로 발전하고 또한 중국, 영국, 홍콩이 모두 받아들일 수 있는 '일국양제' 정책을 제시하였다. 이는 '같음(同)'과 '다름(異)'의 최상의 결합이다. '하나의 중국'이라는 '같음', 그리고 홍콩이 중국으로 돌아

39 刘土尧、程瑞山：《试论周恩来的"求同存异"外交思想》，载《周恩来百周年纪念－全国周恩来生平和思想研讨会论文集(下)》1998年2月17日，第974－977页；叶介甫：《周恩来"求同存异"思想在统一战线上的实践与发展》，载《传承》2012年第11期，第9－11页。

가지만 '두 가지 다른 제도'라는 다름은 중국이 사회주의 제도를 유지하면서 홍콩에는 특별행정구를 설치하여 자본주의 제도를 시행한다는 것이다. 홍콩과 마카오가 순조로이 중국으로 반환된 사건으로 '구동존이'를 충분하게 설명할 수 있다. 이는 또한 타이완 해협 양안의 평화 통일 사업을 이끌 수 있을 것이다.

주은래는 20세기 중국의 뛰어난 정치가, 외교가였다. 그의 구동존이 원칙사상과 외교 정신, 그리고 그가 지역의 안정과 세계 평화를 이루기 위해 한 노력은 시대와 국가를 초월한 전체 인류와 세계에 속하는 것이다.

제Ⅲ부

김대중, 주은래 외교와 대외관계

제4장

김대중과 한일 화해: 김대중–오부치 선언의 현재적 의미

김상준 | 연세대학교 정치외교학과 교수

1. 과거사와 한일 관계

현재 한국과 일본의 관계가 1965년 한일 국교정상화 이후 최악의 상태이다. 그동안 한국과 일본은 지난 수십 년간 교과서 문제, 영토 문제, 야스쿠니 신사참배 문제, 일본군 위안부 문제 등을 둘러싸고 견해의 차이를 보였다. 그러한 가운데서도 한일의 양국 정부는 그러한 견해의 차이가 여타의 경제문제, 안보문제 등으로 비화되지 않도록 노력하였다. 교과서 문제와 영토문제에 대해서 첨예한 대립을 보이는 가운데서도, 2002년 한국과 일본은 월드컵 경기를 공동개최하였다. 북한의 핵무기 개발 등에 대해서도 한국과 일본은 대체로 협조적 관계를 유지하였다. 2000년대 한국과 일본은 아시아 지역주의의 필요성에 있어서도 인식을 공유하고 있었다.

하지만 이러한 노력들이 확고한 결실을 보기도 전에 최근의 한일관계는 전례 없는 퇴행의 역주행을 하고 있다. 한일 간 갈등의 몇몇 주요 이슈가 일본군 위안부 문제로 좁아지면서, 일본은 전례 없는 강도로 강경하게 과거사를 부정하는 입장을 선택하였다. 결국 일본의 아베 정부의 폐쇄적 강경 노선으로 그전의 양국 정부가 쌓았던 노력의 결과는 수포가 되었다. 한국 정부와 국민, 그리고 일본 정부와 국민들은 한일의 관계는 이전의 상태로 회복하는 것은 거의 불가능하다고 인식하게 되었다.

일본 아사히신문은 2015년 4월 과거사 문제에 대해 일본과 독일 국민의 과거사 문제에 대한 인식을 조사하였다. 과거에 주변 피해국들에 어느 정도 관계가 잘 진행되고 있는가에 대한 질문에 대해서 일본의 경우 단지 1%의 응답자만이 "매우 잘 진행되고 있다"고 답하였으며, 45%의 응답자들은 "어느 정도 잘 진행되고 있다"고 답하여, 전체적으로 46%의 응답자들이 긍정적인 답변을 하였다. 이에 비해, 독일의 경우 39%의 응답자가 "매우 잘 진행되고 있다", 그리고 55%의 응답자들은 "어느 정도 잘 진행되고 있다"고 답하여, 전체적으로 94%의 응답자들이 긍정적인 답변을 하였다. 또한 피해를 입은 국가들에게 "사죄와 배상을 충분히 하였냐?"는 질문에 일본의 답변자 가운데 57%가 "불충분하다"고 답해, "충분하다"고 답한 27%을 두 배를 넘었다. 반면 독일의 경우 "충분하다"는 답변이 73%로 "불충분하다"고 답한 21%와 큰 차이를 보였다. 전쟁과 나치 등의 과거사에 대한 학교 교육은 일본은 전쟁을 학교에서 확실히 배우고 있다는 답변이 13%이며, 79%는 그렇지 않다고 답하였다. 반면 독일의 경우는 48%가 "학교에서 배웠다"고 답하였고, 46%가 "그렇지 않다"고 답하였다.[40]

이처럼 일본의 전후처리는 독일과 비교하였을 때 확연한 차이를 보

40 『아사히신문』, 2015년 4월 14일 1면.

인다. 이러한 변함없는 질곡의 상태에서 지금까지 한 많은 논의는 왜 한일관계가 개선되지 않는가에 초점을 맞추었다. 논의는 주로 보수적 정치가들의 민족주의의 요소들을 지적하였다. 과거사를 극복하려는 정치가들의 의지와 노력이 부족한 상태에서 한일의 미래는 지극히 불투명하다. 많은 사람들은 한일의 경색 국면이 장기화될 것으로 전망하고 있다. 하지만 과연 한일의 관계는 더 이상 나빠질 수만 있고, 나아질 수는 없는 것일까? 사실 국가 간의 관계는 정치지도자들의 리더십에 따라서 얼마든지 좋은 방향으로든지 나쁜 방향으로든지 변화할 수가 있다. 모든 국가 간의 관계는 개인의 관계와 마찬가지로 한 가지 방향으로 고착되었다기보다는 노력의 여하, 그리고 인식의 변화에 따라서 달라질 수가 있는 것이다. 정치에 있어서 리더십이라는 요소는 구조적인 딜레마 등을 극복할 수 있는 정치가 개인에게 내재된 보이지 않는 관계 변화를 도모하는 변수인 것이다. 특히 그러한 리더십이 역사적으로 존재하였으며, 또한 그 노력이 큰 결실을 맺었었다는 사실은 현재의 정치지도자들에게 매우 중요하며, 참고할 만한 가치가 있다. 한일의 관계가 가장 어려운 현 시점에 당시의 과거사 극복을 위한 노력을 다시 검토하는 것은 매우 중요한 일이다.

김대중과 오부치 사이의 관계 개선을 위한 노력은 한일관계 개선이 불가능한 것만은 아니라는 사실을 인식시켜주는 성공적 외교의 사례인 것이다. 김대중과 오부치 수상의 관계 개선이 이전의 한국과 일본의 관계는 어떻게 전개되었는지를 살펴보고, 두 사람은 어떻게 노력하였는지, 그리고 그 노력은 어떠한 결과를 가지고 왔는지 등을 검토하고자 한다.

2. 탈냉전과 한일의 '열린 판도라의 상자'

1965년 한일국교정상화의 중요한 특징은 양국 간의 식민지 문제가 청산된 이후에 성립되었던 것이 아니라, 시급한 안보, 정치, 경제 등의 요인으로 인해 과거사 문제가 미해결된 채 정상화가 추진되었다는 것이다. 한일국교정상화는 대일강화조약과 샌프란시스코체제를 기반으로 성립되었지만, 일본의 식민지지배의 책임을 추궁한 것은 아니었다. 회담의 결과는 '사죄와 반성이 없는 국교정상화'가 되었으며,[41] 한국과 일본의 식민과거사에 대한 서로 다른 인식은 해결되지 않은 상태였다. 제1차 한일회담에서 한국측 수석 대표였던 양유찬 주미대사는 일본 측에게 한국은 과거를 잊고 화해할 용의가 있다(Let us bury hatchets)는 취지의 개회사를 했다. 이에 대한 일본 교체수석대표는 "화해할 그 무엇이 있습니까?(What are the hatchets to bury?)"라고 답하였다. 회담에 임하였던 대표들의 시각에서 양국은 과거사에 대한 전혀 다른 인식을 가지고 있었던 것이다.[42]

그럼에도 불구하고, 1965년 국교가 정상화 되고 냉전기간에 해당하는 시기는 중간부의 지식인과 하부의 민중을 중심으로 하는 일본의 대한 저항적 민족주의는 상대적으로 약화되었다. 가장 큰 이유는 탈식민국 한국과 패전국 일본이 각각 새로운 부흥과 국가 재건설이라는 국내적 프로젝트에 몰입하였기 때문이다. 한국의 경우 한국전쟁을 겪으면

---

41 오코노기 마사오, "한일 파트너십 공동선언의 해석적 검토: 타협에서 화해로의 전략전환," 『한일관계, 반전은 가능한가?-'김대중, 오부치 미래파트너십 선언'의 함의를 중심으로』(서울: 연세대학교 김대중도서관, 2012), p. 41.

42 공로명, "한일관계, 반전은 가능한가?", 위의 책, p. 9

서 저항적 또는 적대적 민족주의의 타겟이 공산주의로 전환된 것 또한 일본에 대한 적대적 민족주의가 잠시 보류되는 이유가 되었다. 대체로 이 시기에는 한국과 일본은 안정적인 관계를 유지하였다. 경제적으로 선발 산업국 일본의 기술이 후발 산업국 한국의 산업화에 공헌을 하고, 한국과 일본은 각각 미국과 동맹을 맺고 미국의 동아시안 안보전략의 중요한 협조자이면서, 동시에 미국을 이용하여 자국의 안보를 공고화하는 국가라는 공통점을 가지고 있었다. 이러한 구조적 요인으로 인해 당시의 한일관계는 지금과 비교해 갈등의 요소가 적었던 것이다.

한일국교의 정상화는 '국교의 정상화'라는 목적을 달성하였다. 그 정상화는 한국과 일본이 당시로서는 '현재의 문제'를 해결하기 위해 타결된 것으로, 언젠가는 해결해야만 할 '한일의 미래'를 위한 초석에 대해서는 의도적 회피가 존재하였다. 한일 국교 정상화 이후 과거사 문제는 '경제적 보상'이라는 해결책을 택하면서, 과거사에 대한 근본적인 도의적 문제해결은 남겨두게 되었던 것이다.

냉전의 종식으로 한국과 일본을 자유진영이라는 이데올로기 틀로 묶어놓았던 냉전의 연대가 옅어지면서, 한국과 일본의 관계에서 '과거사'라는 '판도라의 박스(Pandora's Box)'가 열리게 되었다. 그 결과 한일의 관계의 불확실성은 급격히 증가하였다. 다시 말해 냉전이 종식되면서 이데올로기적 동질감은 상실된 상태에서 두 나라의 관계는 이전보다 훨씬 복잡하게 전개된 것이다. 특히 한국의 민주화, 일본의 정권유동화 등등과 맞물려 한일관계는 그 전보다 예측가능성은 줄어든 반면, 불확실성은 훨씬 증가하였다. 이미 1980년대 초반부터 시작된 교과서 문제는 야스쿠니 참배문제, 독도문제, 종군위안부 문제 등으로 확산되어 갈등의 이슈가 늘어났다.

탈냉전기 한일관계가 보다 갈등적으로 전개된 데에는 양국의 국내 정치의 변화가 큰 영향을 미쳤다. 일본의 경우 1990년대 자민당 일당 우위적 거버넌스가 붕괴하고, 정계는 보다 자유주의적 시각에서 일본의 과거사 인식에 대한 비판적 입장을 제시하는 정치가들도 등장하였다. 특히 1993년 이후의 연립내각에서의 호소카와 수상, 무라야마 수상, 그리고 고노 외상 등의 정치가들이 이러한 분위기를 반영하였다. 하지만 정치가들에 의한 이러한 과거에 대한 자체적 반성의 목소리가 높아지게 되자, 이를 저지하기 위한 보수 우경의 정치가들의 목소리 또한 높아졌으며, 이들은 보다 적극적으로 과거사를 '재구성(reframe)' 하려는 노력을 보이고, 과거의 상징인 야스쿠니 신사를 참배를 주도하였다. 한국에서는 문민정부가 들어서면서 일본의 문화에 대한 편견을 없애고 보다 자유로운 문화교류를 주장하는 시각이 있는가 하면, 다른 한편, 냉전기간 동안 제대로 정리되지 않았던 일본의 과거사에 대한 입장을 확실히 할 필요가 있다는 시각 또한 등장하였다. 그리고 보다 강경한 후자의 경우가 국내 언론과 정치를 지배하였다.

1990년대 한일의 관계가 정돈되기보다는 복잡하게 전개되자, 이를 극복하기 위한 과감한 노력이 등장한다. 가장 대표적인 것이 바로 무라야마 담화이다. 1995년 8월 무라야마 수상은 전후 50주년을 맞이하면서 식민지지배와 침략으로 인해 수많은 나라들 특히 아시아 각국의 국민들에 대해 다대한 손해와 고통을 안겨주었다는 것을 인정하고 통절한 반성의 뜻을 표하고 진심으로 사죄하는 마음을 표명하였다. 그리고 후속 조치로 등장한 '평화·친선·교류 계획(Peace, Friendship and Exchange)'은 1910년부터 1945년까지 일본의 식민지 지배와 군사적 강점에 대한 결론이 나지 않은 논쟁들은 마무리 짓기 위한 것이었다.

당시 무라야마 수상의 계획은 근대 일본과 근린 아시아 국가들 간의 관계에 대한 역사연구를 지원하고, 이웃 국가들과의 교류를 급속히 확대시킨다는 두 개의 축으로 전개되었다.

하지만 과거를 극복하려는 무라야마의 노력은 일본 우익 정치가들의 저항에 부딪혔다.[43] 우익 정치가들의 반발은 주로 과거사를 부정하거나 왜곡하는 다양한 '망언'으로 나타났다. 특히 종군위안부와 난징 학살에 대한 일본의 망언은 한국과 중국에서 반일 감정을 유발하는 한편, 이들 문제가 사회적으로 쟁점이 되는 계기가 되었다. 다른 한편, 전범이 합사된 야스쿠니 신사를 참배하면서 과정 전쟁에 대한 보다 적극적인 옹호가 시작되었다. 전체적으로 1990년대 중반 일본은 과거를 반성하는 한 부류가 있었지만, 그만큼의 반대 또한 비등하게 존재하였으며, 이는 무라야마의 사죄를 퇴색시켰다.

3. 김대중–오부치 선언과 한일의 새로운 모색: '화해'

일본 수상의 과거에 대한 반성과 사죄의 담화마저 일본 국내의 반발을 사는 가운데 김대중-오부치 선언은 양국 정상이 과거사를 극복하기 위한 동시적 노력으로, 과거사를 극복하기 위한 한일관계를 위한 새로운 모색이었다고 할 수 있다. 1998년 10월 김대중 대통령과 오부치 총리는 '21세기의 새로운 한일 파트너십 공동선언'을 하게 되었다. 이 선

43 Jennifer Lind, *Sorry State*: *Apologies in International Politics* (Cornell University Press, 2008).

언은 "일본이 과거 한 때 식민지 지배로 인하여 한국 국민에게 다대한 손해와 고통을 안겨주었다는 역사적 사실을 겸허히 받아들이면서 이에 대하여 통절한 반성과 마음으로부터의 사죄를 하였다."라고 한 오부치 총리의 언급에서 시작되었다. 이에 대한 김대중 대통령은 "이러한 역사 표명을 진지하게 받아들이고, 이를 평가하는 동시에, 양국이 과거의 불행한 역사를 극복하고 화해와 선진우호협력에 입각한 미래지향적인 관계를 발전시키기 위하여 서로 노력하는 것이 시대적 요청이다"라고 답하였다. 뿐만 아니라 공동선언에서 양국 정상은 자유민주주의, 시장경제라는 보편적 이념에 입각한 협력관계를 구축하고 그것을 양국 국민 간의 광범위 교류 및 상호이해를 바탕으로 발전시켜 나가겠다는 결의를 표명하였다.

한국의 외무부 장관을 지낸 공로명은 한일 파트너십 공동선언을 김대중-오부치 공동선언을 읽어보는 한, 김대중 대통령은 이 공동선언을 통하여 한일 양국이 과거의 멍에를 벗고, 새로운 21세기 한일 관계를 구축하려는 강력한 의지를 표명했던 것으로 보인다고 평가하였다.[44]

김대중 대통령과 오부치 수상은 관계개선을 위한 가장 중요한 수단이라고 할 수 있는 정상회담을 선택했다. 그 이유는 첫째 정상회담을 통한 과거사 해결은 '일본이 사과하고, 이를 한국이 충분히 인정하는' 것으로 양국이 서로의 입장을 '동시적으로 구속(simultaneous binding)' 하는 '상호적 요소(reciprocal element)'가 있는 것이다. 다른 한편, 국가 정상 간의 결정은 국민의 타국에 대한 입장과 인식에 가장 중요하게 영향을 미치고, 정상 회담 이후의 정부 간의 제반 후속 조치는 사회전체

44 공로명, 앞의 글, p. 8.

에 영향을 미칠 수 있는 효과가 있다.

이를 좀 더 이론적 틀에서 살펴보면 보다 명확하게 이해할 수 있다. 퍼트남(Putnam)은 외교의 성공가능성은 윈셋(win-set)으로 불리는 양국의 타협영역의 크기에 비례한다는 결론을 내렸다.[45] 윈셋이 작거나 없을 경우에는 그 만큼 양국은 타협과 협력의 가능성은 낮아진다. 앞서의 정부 간 외교, 공공외교, 민간교류 등이 존재하였음에도 불구하고, 과거사 문제를 해결하는 데는 한계를 보였던 이유는 바로 윈셋을 형성하거나 증가시키지 못했던 것으로 볼 수 있다.

〈그림 4-1〉 정부간 외교와 민간영역

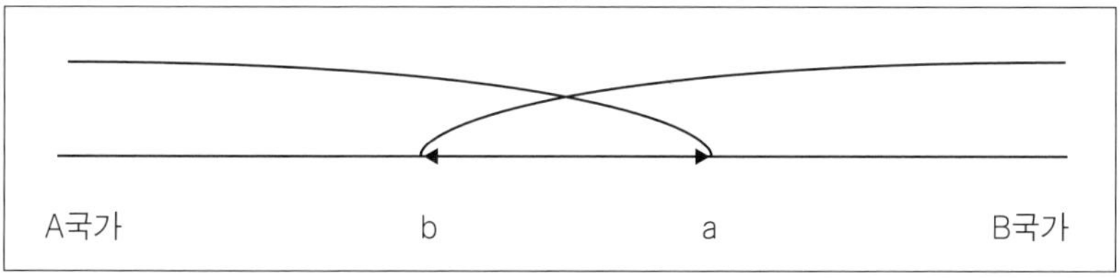

위 [그림 1]에서 한국과 일본은 일정 정도의 윈셋을 형성하였지만, 과거사를 극복하는 수준 정도는 아니라고 볼 수 있다. 이러한 경우, 정치적 합의에도 불구하고 한일의 관계는 언제든지 그 다음을 잇는 정치가들에 의해서 번복되거나, 여론에 의해서 다시 악화될 수 있는 매우 '깨지기 쉽고 취약한(fragile, vulnerable)' 측면이 있었던 것이다. 한일의 국교 정상화가 경제적 보상의 바탕 위에서 성립되면서, 냉전 이후에 과거사의 문제가 재등장하게 된 이유도 바로 여기에서 찾을 수 있는 것이

---

45 Robert Putnam, "Diplimacy and Domestic Politics: The Logic of Two-Level Games," *International Organization*, 42 (Summer 1988).

다. 김대중-오부치 선언의 가장 핵심적인 것은 악화된 한일관계를 개선하고, 개선된 관계를 '지속적이고 안정적(steady and stable)'으로 발전시키기 위한 방법을 모색한 것이다. 도식화 하자면, [그림 2]에서 나타나는 것처럼 윈셋을 증가시키는 것이고, 일단 윈셋이 증가되게 되면, 한일관계의 미래는 보다 보장되는 것으로 간주할 수 있다.

〈그림 4-2〉 변혁적 공공외교

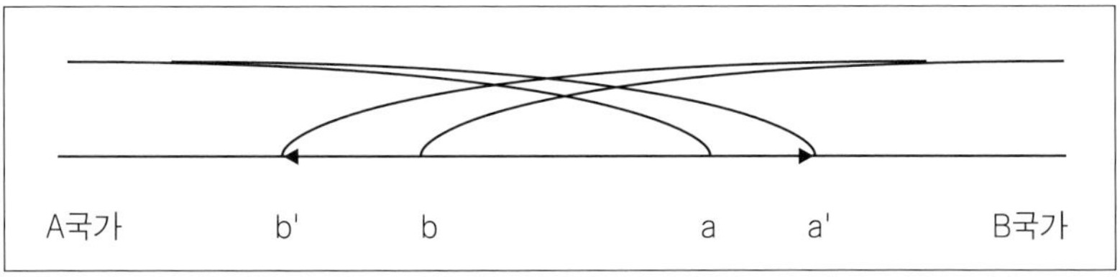

김대중-오부치 선언이 가지는 중요한 의미는 양국의 노력의 의해서 윈셋의 폭을 동시에 늘렸던 것이다. 이 선언은 오부치 총리가 통절한 반성과 마음으로부터의 사죄를 제시하고, 이에 대해서 김대중 대통령은 일본의 역사 표명을 진지하게 받아들이고, 이를 평가하는 것으로 상호적이고 균형적 노력이 포함된 것이다. 다시 말해, 윈셋은 공동의 노력, 그리고 연동적 메커니즘에 의해서 증가되는 것이었다. 당시 김대중 대통령의 인식은 이러한 공동의 노력을 바탕으로 과거의 불행한 역사를 극복하고 양국이 '화해' 할 수 있다는 것이 주된 내용이었다. 이 선언은 화해를 위한 '공동의 접근(mutual approach)'이 매우 중요함을 알려준다.

분명 김대중-오부치의 한일파트너십 선언은 한일 간의 관계 개선에 있어서 새로운 모멘텀을 마련했던 것으로 볼 수 있다. 선언은 몇 가지 큰 결실로 나타났다. 김대중 대통령은 한국 내에서의 일본대중문화를 단계적으로 개방하여 양국의 문화교류의 기반으로 자리 잡았고, 이는 나아가서 한류가 일본에 전파되는 계기를 마련하였다. 또한 2002년 한국과 일본이 월드컵을 공동 개최하면서 한국과 일본의 양국 국민들은 세계적인 행사를 공동으로 기획하는 동지의 의식과 세계를 상대로 한 대등한 파트너라는 의식의 공유로 발전하였다.

김대중-오부치 공동선언이 마련한 새로운 한일관계는 이후 노무현 대통령과 고이즈미 총리로 계승되는 듯하였다. 2001년 한국을 방문한 고이즈미 총리는 서울의 독립공원을 찾아가 "일본의 식민지지배로 인해 한국 국민들에게 다대한 손해와 고통을 안겨다 준 것에 대해 진심으로 반성하고 사죄하는 마음으로 여러 전시 및 시설, 고문의 흔적을 돌아보았다. 또한 노무현 대통령은 2004년 7월 제주도 한일정상회담에서 임기 중에는 한일 간 역사문제를 공식적으로 의제화 및 쟁점화하지 않겠다고 분명히 말했다.[46]

하지만 2005년 2월 일본의 시마네현의회가 '다케시마의 날' 조례안을 심의하기 시작하면서 한국과 일본은 다시금 경색의 국면으로 접어들었다. 2011년 12월 교토 정사회담에서 이명박 대통령과 노다 요시히코 일본 총리는 위안부 문제에 대한 인식의 차이를 보였다. 이명박 대통령은 평균 86세가 되는 위안부 할머니의 문제를 해결해야 된다고 촉구하였으나, 노다 총리는 일본 대사관 앞의 위안부 비석의 철거를 요청하였다. 2012년 8월 이명박 대통령은 독도를 방문하였고, 같은 달 노다 총리는 참의원에서 일본군 위안부 문제와 관련, "1965년의 한일 청

46 오코노기 마사오, 앞의 글, p. 42.

구권협정으로 해결이 끝났다," "일본이 위안부를 강제 동원한 증거가 없다" 등의 발언을 하였다. 그 이후에 한일 간의 정상회담은 개최되지 않았다. 다시 말해, 양국 정치가들의 반목으로 윈셋은 급격히 줄어들게 되었던 것이다.

4. 김대중의 국제관계에서의 정치적 리더십

한일 파트너십 공동 선언은 한일의 관계는 하나의 '주어진 것'이 아니라 노력에 의해서 변화가 가능하다는 것을 알려주는 중요한 예시이다. 한일파트너십은 정치 지도자들이 부정적 현실을 타파하기 위해 경주해야하는 '변혁적 리더십(transformative leadership)'이 무엇인지를 보여주고 있다. 김대중-오부치 수상의 한일파트너십의 성공은 한일 간의 안보나 경제적 필요성의 등의 구조적 요인이 작용하였다기보다는 김대중 대통령의 강력한 정치적 리더십과 밀접한 관련이 있다. 한일관계에 있어서 관계의 개선이 가져다주는 정치, 경제, 안보의 이득은 김대중과 오부치 이전에도 존재하였다. 그럼에도 불구하고 과거사를 근본적으로 개선할 노력은 한계가 있었다. 이점에서 과거사의 극복여부는 경제 또는 안보적 상황의 변화보다 더욱 중요한 것은 정치가 개인의 비전, 그리고 신념과 의지 등과 밀접한 관계가 있다.

정치가로서 김대중은 정책과 비전에 있어서 유연한 입장을 취하면서도 국가의 장기적 발전을 위한 핵심 사안에 있어서는 매우 주도적 리더십을 발휘하는 경향을 보였다. 연세대학교 김대중 도서관의 관장을 지냈던 류상영은 김대중의 정치이념과 전략을 현실주의와 민족주의로 대별된다고 주장한다. 김대중은 냉전시기에는 국제질서에 있어서 힘의 논리와 세력균형의 정치적 메커니즘을 충분히 인식하였다. 한국의 안보 목적을 달성하기 위해서는 미국뿐만 아니라, 일본도 매우 중요하다고 인식하고 한국과 일본은 우호적인 협력관계를 유지하여야 한다는 입장을 취하였다. 북한을 비롯한 공산주의 국가에 대해서는 반공의 의식을 바탕으로 한 현실주의의 접근을 보였다. 그럼에도 불구하고 안보적 필요성으로 인해 일본의 과거사의 문제를 간과할 수 없으며, 과거사 문제를 극복하지 않는 한 일본은 신뢰의 대상이 아니라는 인식으로, 일본에 대한 한국의 민족주의적 대응은 여전히 유효하다는 입장을 보였다. 또한 김대중 납치사건에 대해서는 일본의 민주주의와 인권의 한계를 비판하였다. 김대중의 주변 국가에 대한 입장은 현실주의와 함께 민족주의의 틀을 동시에 유지하였던 것이다.[47]

긍정적 의미에서 김대중의 현상타파를 위한 정치라는 것은 현재의 상태를 발전적으로 변화시키는 '변혁적 정치(transformative politics)'를 의미한다. 현재의 상태라는 것은 많은 '배태된 이익(vested interests)'이 존재하고, 그 배태된 이익을 추구하는 집단은 변화에 저항하는 세력이 된다. 이러한 이유로 실제 변혁적 정치는 실행하기가 매우 어렵다. 때문에 많은 정치가들은 변혁을 시도하기보다는 현상을 유지하려는 정책을 선택하는 경향이 있다. 특히 정치가의 리더십이 바탕이 된 '주도의 정치(initiative politics)'는 현상을 타파하기 위해 매우 중요하다. 김대중

47 류상영, "김대중의 일본에 대한 인식과 전략: 주요 저작과 어록을 통해 본 인식의 진화와 정치적 선택," 『한일관계, 반전은 가능한가?–'김대중, 오부치 미래파트너십 선언'의 함의를 중심으로』 (서울: 연세대학교 김대중도서관, 2012), p. 21.

정부에서는 오래 지속된 현상을 타파하고, 국가 목표의 방향을 다시 설정하는 '국가의 경로 변경(redirecting national path)'의 경향을 보였다. 특히 이러한 경향은 ① 남북관계의 변화를 위한 통일정책과 ② 아시아 지역주의 등을 위한 외교정책에서 매우 두드러지게 나타났다.

김대중의 리더십은 동아시아 지역 공동체의 형성에 있어서의 역할에서 잘 나타난다. 1990년대 한일관계와 유사하게 2000년대 초반 동아시아 지역 공동체도 별다른 진전이 없었다. 1990년대 유럽에서는 냉전이 종식되었었고, 유럽은 통합을 위한 꾸준한 노력을 하였으며, 2000년대는 그 구체적인 결실을 얻었다. 하지만, 동아시아에서의 냉전은 지속되고 있었으며, 지역은 경제적으로 매우 활성화되었지만, 그것이 지역주의로 연결되는 것은 아니었다. 동아시아 지역주의에 대한 논의가 1980년대부터 존재하였지만, 논의들은 대부분 후속적 조치가 결여된 채, 진전을 보이지 못하였다. 지역공동체의 필요성이 구체적이고 본격적으로 논의되기 시작한 것은 1997년 동아시아 금융위기의 파장이 개별국가가 감당하기에는 절대적으로 역부족이었던 데 있었다. 1997년 태국 바트화의 폭락 사태로 촉발된 동아시아 금융위기는 지역 내 모든 국가의 문제로 받아들여졌다. 일본과 중국 등은 비록 금융위기에 직접적으로 노출되지 않았지만, 동아시아 전체가 경제적으로 매우 긴밀하게 연관되어 있었기 때문에 금융위기의 여파로부터 자유로울 수가 없었다.

동아시아 금융위기가 아시아 전 지역을 휩쓸면서 지역주의의 움직임이 본격적으로 공식화되었다. 특히 변화에 대한 공감대가 형성된 것이 동아시아 국가들의 방향 재설정에 중요하게 작동하였다. 하지만 유럽의 경우에서 정치지도자의 역할이 중요한 것처럼 동아시아 공동체의 진전도 누군가에 의해서 주도되어야만 하는 것이었다. 당시 동아시아 지역주의는 'ASEAN+3'라는 틀에서 진행되고 있었다. 이는 아시아 지역의 특징이 반영된 지역주의의 전개였다. 아시아 지역에는 두 개의 축이 존재하고 있었다. 하나는 ASEAN의 축으로, 동남아시아 10개국은 ASEAN을 통해서 '하부 지역주의(sub-regionalism)'를 실행하고 있었다. 다른 하나는 한국, 중국, 일본이라는 ASEAN 국가는 아니지만, 동아시아 지역에서 경제적 비중이 매우 큰 나라들이 결합된 축이다. 결국 동아시아 지역주의는 ASEAN을 대체하는 것이 아니라, 이를 연장선상에서 확대발전하는 방향으로 전개되었다. 이에 동아시아의 경제 대국인 중국, 일본, 한국이 결합하면서 동아시아 지역주의의 기본 틀이 형성되었다. 김대중은 이러한 동아시아 지역주의를 실현하기 위한 구체적인 안을 제안하였다. 'ASEAN+3'라는 기본 틀에 대한 인식이 형성되었지만 보다 중요한 문제는 동아시아 지역주의의 실현을 위한 구체적인 방안이었다. 김대중은 동아시아 국가들의 구체적인 협력을 모색하기 위한 노력이 필요하다는 것을 강조하면서, '동아시아 비전그룹(East Asian Vision Group: EAVG)'을 제안하였다. 동아시아 비전그룹이 다루고자 했던 이슈는 매우 다양하였지만 핵심은 역내 교역과 투자의 활성화였다.

김대중이 구상하였던 동아시아 지역공동체는 유럽과는 차이가 있었다. 유럽의 경우는 국가의 주권을 제한하면서까지 역내 시장의 통합을 목표로 진행되었다. 하지만, 동아시아 지역주의의 경우 지역공동체의 형성을 위해 국가의 주권을 제한하거나, 시장의 통합을 목표로 하기보다는, 국가가의 협력을 강조하였다. 이러한 차이는 유럽과 동아시아의 경제가 서로 다른 경로를 통해서 발전한 것과 관련이 있다. 동아시아 경제는 국가가 주축이 되어 중상주의적 발전을 하였다. 또한 그러한 발전의 필연적 귀결은 동아시아 국가 간의 과도한 경쟁이었다. 거의 모든 동아시아 국가들은 수출지향의 산업을 발달시켰으며, 가능한 자국의 시장을 봉쇄하면서 타국의 시장을 공략하는 전략을 택했다. 김대중의 '동아시아 비전그룹'의 목적은 유럽과 같은 단일 시장체제를 형성하기 보다는 역내 교역과 투자의 활성화를 통해서 중상주의적 경쟁을 완화할 수 있는 협력 체제를 도모하는 것이었다. 이러한 동아시아 지역주의에서 현재의 딜레마를 극복하기 노력은 경쟁과 갈등 관계의 한일 간의 딜레마를 극복하려했던 노력과 매우 유사하다.

김대중이 재임하였던 시기는 한국과 일본 사이의 과거사 갈등, 남한과 북한 간의 안보적 긴장, 그리고 동아시아에서 경제적 경쟁 등이 지속되는 현상이 존재하였다. 동아시아 국가들은 민족주의로 회귀하는 경향이 매우 강하였으며, 국가 간에는 안보딜레마가 발생하고 있었다. 경제적으로도 국가 간 무역수지를 둘러싼 경쟁은 치열해지고 있었던 상황이었다. 이러한 딜레마를 극복한다는 점에서 한일 간의 '한일 공동 파트너십,' 남북 간의 '햇볕정책,' 동아시아 지역에서 '동아시아 비전그룹' 등은 매우 유사한 맥락이 있다. 다시 말해, 정치 지도자가 정상회담 등의 이니셔티브를 통해서 현상을 타파하려는 공통점이 있는 것이다.

5. 한일관계 개선을 위한 정상회담의 중요성

국가 간의 관계 개선을 위해서는 정부를 이끌고 가는 국가수반들의 노력은 효과적 측면에서도 상징적인 측면에서도 매우 중요하다. 1998년 김대중 대통령과 오부치 수상의 노력은 과거를 극복하고 미래를 지향하는 새로운 양국 관계를 상징하기도 하였으며, 양국의 문화교류의 물꼬를 트는 효과가 있기도 하였다. 과거를 극복하기 위한 정상들의 용기 있는 결정은 관계 개선을 위한 국민들의 다양한 노력과 목소리들이 한계를 보였을 때 더욱 그 의미가 중요해진다.

그동안 정부가 상대국 국민을 상대로 한 공공외교와 양국 국민들에 의한 민간교류 등은 매우 활발하게 전개되었음에도 불구하고 그 성과는 한계를 보였다. 한국과 일본은 적극적인 공공외교를 전개하고 있지만, 한일관계를 근본적으로 해결하는 단계에 이르지는 못하였다. 외교통상부 산하기관으로 설립된 한국의 국제교류재단은 한류를 비롯한 다양한 한국 문화를 소개하고 있다. 하지만 국가 이미지 제고 등의 공공외교는 한국의 소프트 파워를 증강하는 데 일조하였지만, 과거사 극복 등의 어려운 문제를 해결하는 것과는 거리가 있었다. 일본의 공공외교도 유사한 결과를 보였다. 예를 들어, 1990년 일본은 '국제교류기금 아세안 문화센터(The Japan Foundation ASEAN Culture Center)'를 설립하였으며, 1994년 '국제문화교류증진위원회'는 아시아 지역공동체 의식을 고취하기 위해서 '아시아 태평양 지역의 미래를 건설할 교류'를 추진하였다. 1990년대와 2000년대 일본은 아시아 지역주의의 필요성을 주창하였지만, 구체적인 결과는 없었으며 아시아 국가들과의 과거사 문제를 해결하는 것과는 무관하게 전개되었다. 일본은 지역주의를 주창하면서 아시아의 리더 역할을 모색하였지만, 주변 국가들과의 과거사 문제가 전제되지 않은 상황에서는 지역공동체에 대한 어떠한 합의도 도출하기 어려웠다.

한일 간의 민간 수준에서의 교류의 증대가 양국의 과거사를 극복하고 미래지향적 관계를 보장할 수가 없었다. 2000년대 한국과 일본의 민간교류는 매우 다방면에 걸쳐 괄목할 성장을 보였다. 한국의 젊은이들은 일본 소설을 즐겨 읽으며, 일본어 학습자들도 급속히 증가하였다. 동시에 일본의 주부층과 젊은 층들은 한국 드라마에 열광하였으며, 더불어 한국어를 배우는 일본인도 늘어났다. 민간교류는 대중문화에 국한된 것은 아니었다. 한일 양국은 전모가 파악되지 않을 만큼 민간차원에서의 경제교류가 진행되었다. 민간경제교류 측면에서 '일본기업 유치 설명회', '한일경제교류 심포지움' 등 있었으며, 농수산·식품분야, 기술·산업분야, 사회분야 등에서도 상당한 민간교류가 존재하였다. 하지만 이러한 다양한 민간교류는 사실상 한일의 정치적 관계가 나빠지거나 또는 좋아지거나 등에 무관하게 지속성을 가지고 전개되어 왔던 것이며, 이들 교류의 증가가 과거사를 둘러싼 한일관계를 극복해줄 수는 없었다.

과거사 극복에 있어서, 가장 중요한 것은 가해자인 일본의 노력이다. 일본은 국내적으로 과거사에 대한 반성을 하는 부류가 적지 않다. 2015년 전후 70년이 된 시점에서 아사히신문은 과거 10년 전, 그리고 20년 전 일본의 반성에 대한 현재 일본인의 태도를 질문하는 설문조사를 시행하였다. 결과는 전후 50주년에 발표한 무라야마 담화(1995년)와 전후 60주년에 발표한 고이즈미 담화(2005년)에 대해서 일본인의 4분의 3에 해당하는 74%가 "타당한 것"이라고 응답하였다. 두 담화가 "타당하지 않다"고 답한 사람은 13%에 불과하였다. 이들은 식민지 침략으로 아시아 국민들에게 커다란 고통을 준 것에 대해 "통절한 반성"과 "마음으로부터 사죄"라는 표현이 포함된 담화를 타당한 것이라고 인식하고 있는 것이다. 특히 아베내각 지지층과 자민당 지지층 가운데서도 담화들이 타당하다고 답변한 사람이 70%를 넘어섰다. 아베내각을 지지하는 사람들의 대부분이 과거 반성과 사죄의 담화를 인정한 것이다.[48] 이처럼 일본인 대다수가 반성과 사죄의 중요성을 인식하고 있음에도 불구하고 정작 한일 간의 화해는 진전을 보이지 않고 있다.

2015년 3월 12일 연세대학교 130주년 기념학술행사인 '연세-김대중 포럼'에 참석한 일본의 노벨 문학상 수상자 오에 겐자부로는 일본의 사죄를 촉구하였다. 군 위안부 문제의 발단은 일본의 천황 문화에서 비롯된 여성 차별적 사고방식이며, 이에 대한 충분한 사죄가 필요하다고 주장하였다. 또한 그는 "지금 정부나 일본국민이 충분히 사죄했다고 말했다고 보기 어렵고, (우리가) 국가로 하여금 사죄하도록 요구하는데 찬성합니다"고 언급하였다. 또 다른 일본의 세계적인 작가 무라카미 하루키는 4월 17일 교토 통신과의 인터뷰에서 "일본이 침략 전쟁을 일으킨 데 대해 상대국이 됐다고 할 때까지 거듭 사과해야 한다."라고, 아베 총리의 잘못된 역사 인식을 경고하였다. 정파적 이익, 국수적 견해를 초월하는 일본 지식인의 양심적 발언은 과거사를 직시하는 데 매우 중요하다.

이상과 같이 최근의 한일 관계에서 공공외교와 민간교류가 활발해지고, 대다수의 일본 국민들은 여전히 반성과 사죄가 과거사 극복에 중요하다고 인식하고 있으며, 일본의 지식인들은 보편적 시각에서 과거에 대한 참회를 요구하고 있음을 알 수가 있다. 그럼에도 불구하고 일본 정치가와 정부는 국민의 의견을 반영하는 것을 주저하거나, 오히려 과거에 행해졌던 반성마저 왜곡하고 있다. 이러한 시점에서 한편에서 적극적인 반성을 보이고, 다른 한편에서는 이를 관대히 수용하면서 미래지향적 관계를 모색하였던 경험을 다시 되살려 기억할 필요가 있는 것이다.

---

48 『아시히신문』, 2015년 4월 14일, 3면.

제5장

주은래와 중일 화해

지야광(紀亞光) | 남개대 마르크스교육학원 원장

50여 년간의 혈전과 열전, 이어서 냉전체제를 거친 중일 양국이 진정한 화해를 실현하는 것은 매우 힘든 일이다. 주은래가 중일관계를 발전시킨 사상과 실천을 총체적으로 고찰하자면, 그는 세 단계 전략 구상을 통하여 이 난제를 해결하고자 하였다. 첫 단계로는 중일 정부 간 국교정상화의 조건으로 광범위한 민간외교를 꼽았다. 두 번째 단계로는 민간외교의 바탕 위에 정부 간 접촉과 회담을 추진해서 중일 국교정상화를 한층 더 발전시키고자 하였다. 세 번째 단계로는 중일 국교정상화의 기초 위에 중일 정부, 여러 사회 계층의 입체적인 교류와 협력을 통해 중일 우호의 새로운 국면을 열고자 하였다. 여기서 다음의 세 요소를 주목할 필요가 있다. 첫째, 민간외교는 중일 화해의 열쇠이다. 둘째, 중일 국교정상화는 중일화해의 전환점이지 종착점이 아니다. 셋째, 세대를 아우르는 중일 간 우호, 영구적인 세계 평화는 중일 화해의 최종 목표이다. 이상의 '세 단계' 전략과 '세 요소'의 측면에서 주은래와 중일 화해의 관계를 살펴보면 우리는 그의 날카로운 전략

분별력과 드넓은 안목을 이해할 수 있다. 주은래가 서거한 지 벌써 38년이 지났지만 중일 관계에 미친 그의 영향력은 여전히 크다고 할 수 있다.

1. '세 단계' 전략

중일관계의 정치가, 외교가 외에 이론가로서의 주은래에 대한 체계적인 논술은 거의 없다. 중일 관계에 대한 언급과 구체적인 조치를 체계적으로 분석하면 '세 단계' 전략으로 표현할 수 있다.

중화인민공화국 건국 초기, 복잡하게 얽힌 중일 역사문제와 냉전 체제의 현실 속에서 그는 중일 화해의 희망을 우선 일본 국민에게 기탁하였다. 이는 다음과 같은 네 가지 인식에서 도출된 선택이었다.

첫째, 인민에게 영향을 주고, 인민의 마음을 쟁취하는 것이 외교 목표가 되어야 한다. 이는 주은래 외교 사유의 근본 출발점이다. 1952년 4월, 그는 중국 주재 외교사절회의에서 "외교는 국가와 국가의 관계라는 형식으로 진행되는 것이다. 하지만 그 목표는 역시 인민들에게 영향을 주고, 마음을 얻는 데 있다. 이는 변증법적이다"라고 말하였다.[49]

둘째, 일본에 대한 중국의 정책에서 '두 가지 차이'를 명확히 해야 한다. 1955년 1월 23일, 주은래는 일본 외빈을 접견하면서 "중국 인민은 일본군국주의와 일본 국민을 구분할 수 있다. 중국인민은 중일 양국 인민의 장기적 이익과 일시적 반목을 구분할 수 있다. 중일은 몇 천 년에

49 《周恩来选集》下卷，人民出版社1980年版，第88页。

걸친 우호적인 역사관계가 있었다. 갑오전쟁(청일전쟁) 이후 일본군국주의가 중국을 고통에 빠트린 기간은 다만 60년에 지나지 않는다. 인류 역사의 긴 과정 속에서 보면 이 60년은 짧은 기간이다. 중일 양국 인민이 우호적인 관계를 원한다며 서로 사이좋게 지낼 수 있을 것이다. 우리는 일본 국민들의 오늘날의 상황을 동정하며 앞으로 일본 국민의 발전을 믿는다"[50]라고 말하였다.

셋째, 중일 양국 인민 간에 우정과 평화의 감정이 존재한다. 1954년 10월 11일, 주은래는 일본 외빈을 만나는 자리에서 "중일 양국 인민 사이에 우정이 존재하고 평화의 감정이 남아있다면, 이러한 바탕 위에서 중일 관계를 개선할 수 있다"[51]라고 말하였다.

넷째, 중화인민공화국 성립 이후 중일 양국의 상황에는 근본적인 변화가 발생하였다. 1956년 6월 28일, 주은래는 일본 외빈과의 회담 개최 시 "전후 양국 상황에 근본적인 변화가 일어났다. 중국은 새로운 국가로 우뚝 섰고, 일본은 과거와 다른 지위에 있다. 더 이상 다른 나라를 침략하는 나라가 아니라 반대로 다른 나라의 압박을 받고 있다. 이는 우리에게 동정을 불러 일으킨다"[52]라고 하였다. 바로 전에 주은래는 다른 외빈과 접견하면서 "일본이 중국을 업신여기는 태도를 바꿔야 하고, 중국인들이 일본에 대한 격분하는 태도를 바꿔야 양국 관계가 개선될 것이다"라고 밝혔다.[53]

이 같은 인식으로 인하여, 주은래는 민간외교에 중점을 두고 중일

50 《周恩来年谱》1949－1976上卷, 中央文献出版社1997年版, 第443页。
51 《周恩来外交文选》, 中央文献出版社1990年版, 第87－88页。
52 《周恩来外交文选》, 第168页。
53 《周恩来外交文选》, 第146页。

관계 정상화를 추진하였다. 그는 만약 중일 양국 인민의 사이가 좋아지고 교류가 밀접해지면 일본군국주의가 되살아나는 것을 막을 수 있다고 여겼다.[54] 그는 또 "중일 국교의 어려운 국면을 타파하려면 어떠한 조치를 취해야 할 것인가? …… 나의 생각은 우선 중일 인민들이 국민외교를 진행하여 국민에서부터 준정부적 외교로 발전해야 한다는 것이다. ……그러다 보면 언젠가는……중국과 일본이 국교를 회복할 수 있을 것이다"라고 지적하기도 하였다.[55] 나아가 주은래는 '민간으로부터 정부에 이르는(以民促官)' 민간 외교사상을 제시하기도 하였다. 그는 중일 관계를 처리할 때 양국 인민들이 교류를 해야 할 뿐만 아니라 인민들이 정부에 영향을 주어 정부의 태도를 바꾸어야 우호적으로 지낼 수 있다고 밝혔다.[56] 그는 인민의 태도는 정부에 영향을 줄 수 있으며, 정부는 인민들의 투표가 필요하기 때문에 인민들의 의견을 고려하지 않을 수 없다고 확신하였다.[57]

그는 중일 민간외교를 추진하기 위하여 몸소 실천하였다. 통계에 따르면 1953년 7월 1일부터 1972년 9월 23일까지 그는 일본 외빈을 287차례 접견하고, 323개 대표단(혹은 많은 외빈)을 접견하였다.[58] 주은래는 모든 심혈을 기울였고, 그 결과 일본 인민에게 진실된 존경을 받을 수 있었다. 일본 전 총리 미키 다케오(三木武夫)는 "외국 정치가 중에 주은래 총리처럼 일본 각 계층 인민들 사이에서 친구가 많고 두터운 존경을

54 《周恩来年谱(1949−1976)》上卷, 第418页。
55 《周恩来外交文选》, 第228−229页。
56 《周恩来外交文选》, 第146页。
57 《周恩来外交文选》, 第146页。
58 陈答才 :《周恩来与中日民间外交》, 载《中外学者再论周恩来》, 中央文献出版社1999年版, 第648页。

받은 사람은 없을 것이다"[59]라고 말하였다.

역사적인 추세는 주은래의 기대에 놀랍게 들어맞았다. 1956년 6월 28일, 주은래는 일본국영 철도공회대표단을 접견할 당시에 "내가 보기에 그냥 국민외교의 방식으로 해나가면 될 것 같다. 일본 단체가 더욱 많이 오고 우리 단체도 많이 가서, 두 나라 사이에 해야 할 일을 모두 하고 나면 마지막에는 외교부장이 서명할 일만 남게 될 것이다. 이는 아주 편리하고 좋은 방법이다"라고 유머러스하게 말했던 때에는 마침 중국 총리와 외교 장관, 일본 총리와 외상(外相)만 남아서 샴페인을 마시고 있었다.[60] 1971년 6월부터 1972년 7월까지 일 년이 넘는 시간 동안 공명당(公明党) 대표단은 중국을 세 차례 방문하였고, 중국 측과 중일 국교정상화의 원칙과 세부 문제에 관하여 점차 일치된 견해를 얻어내어 다나카 가쿠에이(田中角榮) 총리 내각이 두달 만에 중국과 국교 정상화에 이르는 길을 마련하였다.

주은래는 중일관계의 전망에 대하여 중일 국교정상화는 종착점이 아니라 전환점이라고 하였다. 1972년 9월, 주은래는 다나카 가쿠에이를 환영하는 연회에서 "중일 관계사의 새로운 한 페이지를 펼쳤다. …… 중일 양국 인민들은 세대를 아울러 사이좋게 지내야 한다"[61]고 말하였다. 여기서 주은래는 미래를 향하여 중일 세대 간 우호, 영구적 세계평화를 실현하고자 하는 근본 목표를 명확하게 제시하였다. 그는 또 "중일 국교를 회복하고, 평화공존 5대원칙의 기초에 선린 우호 관계를

---

59 《举世悼念周恩来总理》, 人民出版社1978年版, 第4页。

60 《中日两国人民要多多来往, 为两国关系正常化铺平道路》, 载《周恩来外交文选》, 中央文献出版社1990年版, 第171页。

61 《周恩来外交文选》, 第494-496页。

맺어 양국 인민들이 사이좋게 교류하고, 양국 간의 경제, 문화교류를 더욱 확대할 수 있는 미래를 개척해야 한다. 중일 우호는 배타적인 것이 아니며 아시아의 긴장된 정세를 완화시키고 세계 평화 수호를 위하여 노력할 것이다"[62]라고 밝혔다. 따라서 중일 국교정상화 실현 후 중일화평우호조약(中日和平友好條約)을 되도록 빨리 체결하는 것을 새로운 중일 우호 단계의 주요 목표로 삼았다.

이 목표를 실현하기 위하여 1975년 6월 12일 중병을 앓고 있던 주은래는 병원에서 일중우호의원연맹회(日中友好議員聯盟會) 회장 후지야마 아이이치로(藤山愛一郎) 등 일본 외빈을 접견하면서 "제일 중요한 것은 중일화평우호조약을 미래 목표로 생각하고 나아갈 방향을 정해야 한다. …… 지금부터 중일 양국은 오래도록 우호적인 외교관계를 유지해야 한다. 이 점을 반드시 조약 내에 규정하여야 한다. …… 이를 미키 다케오 총리에게 전달해달라"라고 밝혔다.[63] 비록 주은래가 직접 중일화평우호조약의 체결을 추진하지는 못하였지만 그가 중일 화해를 위한 요구사항을 명확하게 주장하여 양국이 함께 나아가야 할 방향을 뚜렷이 제시할 수 있었다.

---

62 《周恩来外交文选》, 第494-495页。

63 刘德有：《时光之旅——我经历的中日关系》, 商务图书馆1999年版, 第527-528页。

2. 핵심을 포착하라

주은래가 중일 세대 간 우호의 세 단계 전략을 추진하는 과정에서 이케다 다이사쿠(池田大作) 및 그가 주도한 창가학회(創價學會, 소카갓카이)의 작용 역시 매우 중요하였다. 창가학회는 일본의 민간 종교단체로 그 전신(前身)이 창가교육학회였는데, 1930년 마키구치 쓰네사부로(牧口常三郎)가 창립하였다. 그는 중국과 아시아에 대한 일본군국주의 침략전쟁에 반대하고 사상과 종교의 자유를 요구하다가 일본정부에 체포되어 1944년 11월 18일 박해로 희생되었다. 1946년 2대 회장 도다 죠세이(戸田城聖)는 가치 있는 인생과 세계평화 추구를 취지로 창가교육학회를 창가학회로 바꾸었고, 1957년에는 가입인원이 75만 명에 이르렀다. 1960년 이케다 다이사쿠가 3대 회장으로 취임한 이후 급속하게 발전하여 회원수가 각계각층에 폭넓게 분포하여 150만에서 300만으로 증가하였다. 게다가 유치원에서 대학에 이르는 교육시스템을 구축하고 연구기관과 문화시설을 만들었으며 또한 수백만 부의 발행부수를 가진 기관간행물 〈세이쿄 신문(聖教新聞)〉을 갖고 있어서 '당시 일본에서 창가학회는 이미 무시할 수 없는 사회 역량으로 성장'[64]했다고 할 수 있으며, 일본 각계의 주목을 받았다.

이케다가 창가학회 3대회장으로 취임된 후 얼마 지나지 않아 주은래는 창가학회에 관심을 기울이기 시작하였다. 1960년 9, 10월, 일본의 유명한 정치가 마즈무라 겐조(松村謙三)와 경제계 지도자 다카사키 다쓰노스케(高碕達之助) 및 중일 '비망록(備忘錄)' 무역 중국 측 수석 대표

64 刘德有：《时光之旅——我经历的中日关系》, 第621页。

쑨핑화(孫平化)는 차례로 주은래에게 창가학회를 소개하였다.[65] 마즈무라는 주은래에게 창가학회와 이케다를 주목하고 친구로 사귀라고 제안을 했다.[66] 다카사키는 주은래에게 특별히 "세력은 비교적 작은 편이나 민중들이 받아들인 단체가 있는데, 그것이 바로 창가학회이다"라고 하였다. 쑨핑화는 방일 후 주은래에게 창가학회의 상황에 대하여 특별보고를 하여 관심을 불러 일으켰다.[67] 쑨핑화의 소개를 통해 주은래는 이케다가 젊고 성실히 공부하며 『마오쩌둥선집(毛澤東選集)』을 통독하였음을 알게 되었다.[68]

당시 일본 각계의 창가학회에 대한 인식과 중국 내 창가학회에 대한

---

65 마즈무라 겐조(松村謙三)와 다카사키 다쓰노스케(高碕達之助)가 주은래에게 창가학회를 소개한 시점에 관한 기록은 아직 없다. 대부분 60년대 초라고 생각하고 있는데 구체적이지 않을뿐더러 당사자들의 추억 또한 일치하지 않는다. 당시 중국 외교학회(外交學會) 일본처(日本處) 처장 진쑤청(金蘇城)의 기억에 의하면, 그가 당시 마즈무라와 다카사키의 접견을 담당하고 있었는데 마즈무라 가 주은래에게 창가학회를 소개한 것이라고 한다. 당시가 중국 국경절 기간이었으므로 대체적으로 1959년 10월 중국을 첫 방문할 때라고 본다. 이어서 다카사키도 주은래에게 소개를 했다고 한다. 당시 중국 외교학회 일본처에서 일하던 황스밍(黃世明)은 1960년 10월 다카사키가 처음 중국을 방문할 때 통역을 담당했던 사람인데 그는 다카사키가 창가학회에 대하여 언급하지 않았다고 추억하고 있다. 황스밍은 창가학회의 발전역사로 놓고 볼 때 1960년에 이케다가 막 회장을 맡고 포교운동으로 '널리 선전하고 유포하는 것(廣宣流布)'을 구호로 하여 일본 민중들이 창가학회에 가입하고 신도가 되게끔 주력하여 창가학회가 비약적인 발전을 보여 주은래가 이를 중요하게 여겼을 것이라고 한다. 몇몇 당사자들의 추억과 창가학회의 발전 과정을 결합하여 보면 아마 1962년 9, 10월에 마즈무라와 다카사키가 중국을 두 번째 방문할 무렵 주은래에게 창가학회를 소개한 것이라고 추측된다.

66 왕용샹, 지야광이 1999년 11월 23일 진쑤청을 인터뷰한 기록.

67 奈良日日新闻社：《日中恢复邦交秘话——纪念日中邦交正常化25周年》, 见《日中恢复邦交秘话——池田大作与日中友好》, 经济日报出版社1998年版, 第13页。

68 孙平化：《我的履历书》, 世界知识出版社1998年版, 第250页.

인식은 마찬가지로 비방 또는 칭찬으로 일치하지 않았다. 일부 연구자들은 창가학회는 군국주의 부활의 사회세력이라고 여겼다. 왜냐하면 창가학회의 조직구성과 편성이 군대의 형식을 취하고 있었기 때문이다. 반(班), 배(排), 소대(小隊), 중대(中隊), 대대(大隊), 단(團), 사단(師團)으로 이루어져 있고, 각 지역에 창가학회의 대부대(大隊部)가 있어서 사람들에게 이상하게 느껴졌다.[69]

그러나 주은래는 여러 정보를 종합하여 융통성 있게 창가학회는 역사상 줄곧 전쟁을 반대하고 평화를 추구하는 '군중 속에서 생긴 단체'이며 '구성원이 거의 일본 인구의 10분의 1을 차지하고 있어' 중일 우호관계 추진에 '무시할 수 없는' 역량이라고 밝혔다.[70] 따라서 주은래는 여러 차례 일본 외교 담당자들에게 창가학회의 간부들과 접촉할 것을 지시하였다.[71] 동시에 주은래는 일본 유명 작가 아리요시 사와코(有吉佐和子)를 통하여 이케다에게 중국 초청 메시지를 전달하였다. 이케다는 매우 감동하여 '중국 방문을 반드시 고려할 것이며, 이 같은 우의는 잊지 못할 것이다'라고 표명하였다.[72]

창가학회와 이케다에 대한 주은래의 관심은 관건적인 시각에서 중요한 역할을 발휘하였다. 1964년 4월, 중일 양국은 LT무역 연락처(聯絡處)를 설립하고, 기자를 파견하여 중일 관계는 준정부 간 단계로 들어섰다. 그러나 일본 정부는 사토 에이사쿠(佐藤榮作) 내각 성립으로 정

69 왕용샹, 지야광이 1999년 11월 23일 진쑤청을 인터뷰한 기록.

70 奈良日日新闻社 :《日中恢复邦交秘话——纪念日中邦交正常化25周年》, 见《日中恢复邦交秘话——池田大作与日中友好》, 经济日报出版社1998年版, 第13页。

71 奈良日日新闻社 :《日中恢复邦交秘话——纪念日中邦交正常化25周年》, 第13页。

72 法悟空(池田大作) :《新・人间革命》, 载《国际创价学会通讯》, 2002年4月22日。

치, 경제 방면은 미국을 바싹 쫓고, 타이완 정부와는 협력을 강화함으로써 중일 우호에 관한 전망은 점차 어두워졌다. 이러한 상황에서 1968년 9월 8일 이케다는 2만 명 가까이 참석한 제11차 학생부대회에서 공개적으로 '일중국교정상화창언(日中邦交正常化倡言)'을 발표하여 평화를 실현하는 데 중국과의 문제가 관건이라고 명확히 짚었다. 나아가 중국문제를 해결하는 세 가지 방법을 제시하였다. 첫째, 정식으로 중국의 존재를 인정하고 국교가 정상화되게 한다. 둘째, UN에서의 중국의 합법적 지위를 회복한다. 셋째, 양국의 경제, 문화교류를 전개한다.[73]

이케다의 공개적 제창은 당시 미일 당국이 수행하던 반중국 정책의 핵심을 건드렸고, 강한 불만과 우려를 불러일으켰다. 9월 11일, 12일 즉 이케다가 강연을 마친 3, 4일째 되던 날, 미일 당국은 긴급하게 일미안전보장협의(日美安全保障協議) 회의를 열었다. 이 회의에서 이케다와 창가학회의 민간외교는 일본외교의 방해물이 된다는 비밀문서가 나오게 되었다.[74] 류더요우(劉德有)는 이 공개 발언을 두고 '당시 일본 각 지역에서 거세게 일어나던 일중 우호를 요구하는 국민대중의 목소리를 대표한 것이며, 역사의 흐름에 맞는 것이다'라고 보고, '이케다는 중일 관계를 시작한 중요한 개척자 중 한 사람이다'라고 평가하였다.[75]

더욱이 이케다는 '일중국교정상화창언'에서 사토 정권이 국교 정상화를 추진하려는 생각이 없으므로 자신이 만든 공명당이 일중 외교를 회복하는 선두주자가 될 것을 희망한다고 명확히 언급하였다. 또한

73 法悟空(池田大作)：《新·人间革命》，载《国际创价学会通讯》，2002年4月22日。
74 蔡德麟：《历史的丰碑——回顾池田大作先生为实现中日邦交正常化所作的贡献》，载《深圳大学学报》(人文社会科学版)，第15卷第4期。
75 刘德有：《伟大的预见 友好的"金桥"》，(日本)载《圣教新闻》，1993年9月7日。

1971년 6월 16일부터 7월 4일까지 일본 공명당 대표단은 주은래의 초청에 응하여 방중하였다.

1971년 7월 2일, 중일우호협회대표단(中日友好協會代表團)과 공명당 대표단은 공동서명을 하고 중일 국교 회복을 위한 견해를 발표하였다. 첫째, 중국은 오직 하나이다. 중화인민공화국 정부는 중국인민을 대표하는 유일한 합법적인 정부이고, '두 개의 중국'과 하나의 중국 하나의 대만을 만들고자 하는 계략을 단호히 반대한다. 둘째, 타이완은 중국의 한 개 성(省)으로 중국영토에서 분리될 수 없는 구성부분이며, 타이완 문제는 중국의 내정문제이다. '타이완귀속미정(台灣歸屬未定)'론을 단호하게 반대한다. 셋째, '일화조약(일본-장개석 정부 간 조약)'은 불법이므로 폐기해야 한다. 넷째, 미국이 타이완과 타이완해협 지역을 점령하고 있는 것은 침략행위이다. 미국은 반드시 모든 무장병력을 철수해야 한다. 다섯째, 중화인민공화국은 UN에서의 모든 조직 및 안보리상무이사국의 합법적 권리를 회복해야 한다. 장제스 정부 대표를 UN에서 축출해야 하며 앞서 서술한 중국의 합법적 권리 회복에 방해되는 모든 계략에 단호하게 맞서야 한다.[76] 국교 정상화의 기본조건을 명확하게 한 이 공동성명은 외교회복5대원칙(複交五原則)으로 불리면서 나중에 중일 정부 간 회담의 기초가 되었다.

얼마 지나지 않아 1971년 중순에 미국 대통령 닉슨은 1972년 5월 중국을 방문할 것이라고 발표하였다. 미국의 반공정책에 따라 중국에 우호적이지 않은 태도를 보여왔던 일본정부는 상당한 충격을 받았다. 중국에 대한 정책을 바꿔야 하는 것은 이제 시간문제였다. 이러한 상황

76 《人民日报》, 1971年7月3日。

속에서 공명당은 다시 한 번 중일 국교 정상화를 추진하는 중요한 역할을 담당하였다. 1972년 다나카 내각이 성립된 이후 일본 정부의 '헨리 키신저'로서 중국을 방문하고 주은래와 국교를 회복하는 구체적인 문제에 대하여 의견을 교환하였다. 따라서 다나카 총리가 9월 방중할 수 있었고 또한 최종적으로 중일 국교 정상화를 실현할 수 있는 길을 열었다고 할 수 있다.[77]

주목할 만한 것은 미국 대통령 닉슨의 중국 방문으로부터 중일 국교 정상화에 이르기까지 단지 일 년의 시간이 걸렸다는 것이다. 이 기간 동안 일본 정부의 대중국 정책은 적대에서 우호로 눈에 띄는 변화를 가져왔다. 즉 미국의 대중국 정책이 일본 정부에 중요한 영향을 미친다는 것을 알 수 있다. 그러나 중요한 것은 주은래의 민간외교 사상과 실천이 없었다면 중일 양국 인민의 우호적인 감정 토대가 없었을 것이며, 이러한 변화는 상상하기 어려운 것이다. 마찬가지로 중일 관계가 어려운 상황에 있을 때 이케다가 '일중국교정상화창언'을 발표하여 체계적인 중일 외교 구상을 제시하였고, 이러한 구상을 바탕으로 공명당이 나서서 '외교회복5대원칙'을 발표하였기에 중일 국교정상화 원칙의 기초를 정립할 수 있었다. 그렇지 않았다면 일본 또한 미국을 바로 뒤따라서 우호적인 정책으로 바꿀 수 없었을 것이다. 게다가 이제 막 내각을 구성한 다나카 총리에게 있어서 중일 관계의 산적한 문제를 짧은 시간에 분석하고 해결하기란 힘들었을 것이다. 즉 오직 정부 사이의 교류만

77 중국 외교부 전 아시아국, 샤오샹첸 국장은 '공명당 대표단이 이번에 중국을 방문한 것은 다나카 가쿠에이, 오히라 마사요시(大平正芳) 외상과 사전에 상의한 것이다.'고 밝혔다. 자세한 내용은 1999년 11월 23일 왕용샹, 지야광이 샤오샹첸을 인터뷰한 기록 참조.

으로 양국 정상화를 제대로 실현하기란 힘들었다는 의미이다.[78] '중요한 것은 우정의 다리, 신뢰의 다리를 세워 양국 민중의 마음을 견고히 연결하는 것이다.' 주은래의 민간외교 사상은 중일 국교 정상화를 강력하게 추진하였고, 역사적으로 남아있는 문제를 해결하였으며, 근본적으로 중일 국교 정상화의 문제를 해결했다고 볼 수 있다. 이케다는 이에 대하여 인상적인 말을 남겼다. '총리가 첫 번째로 중시하는 것은 민중이고, 두 번째로 중시하는 것도 여전히 민중이다. 일중 우호로 놓고 말하자면 총리는 '민중을 기초로 하여(以大眾爲基礎)' 추진한 것이다.' '민중은 바다이다. 민중 교류의 바다를 개방해야 교류의 선박들이 왕래를 할 수 있을 것이다.' 바로 이러한 인식이 주은래와 이케다가 힘쓴 세대 간 우호라는 위대한 사업의 기초가 되었고, 나아가 '영원히 무너지지 않는 일중 우호의 골든 브릿지'를 세우게 되었다.[79]

3. 먼 훗날의 일을 준비해놓다

앞서 서술했듯이 중일 국교 정상화 실현 후 주은래는 중일평화우호조약 체결을 세대 간 우호의 구체적인 다음 목표로 정하였다. 그러나 일본정부의 성의 부족으로 중일 회담은 대치된 상황에 치닫게 되었다. 이러한 상황 속에서 주은래는 중일 세대 간 우호 국면을 고려하여 의사의 만류에도 불구하고 1974년 12월 5일, 이케다와 일대일 회담을 가졌

78 法悟空(池田大作)：《新·人间革命》, 2002年6月6日。
79 法悟空(池田大作)：《新·人间革命》, 2002年6月6日。

다. 회담의 배경과 내용에서 주은래가 세 번째로 추진한 중요한 조치로 중일 세대 간 우호 사업임을 알 수 있다.

회담 시작부터 주은래는 중일화평우호조약 체결은 1972년 중일 양국 정부 공동 성명 중에 이미 기재하였다고 하면서 지금 준비 중인 이 작업이 하루 빨리 조약을 체결하기를 바란다고 밝혔다. 이케다, 창가학회, 공명당과 긴밀하게 협력하여 이 조약을 조속히 체결하는 것이 주은래와 이케다 회담의 주요 목적임을 알 수 있다. 그리고 주은래의 더 큰 목표는 중일 양국의 평화 우호 사업에 제한되어 있는 것이 아니라 중일 평화 우호를 기초로 하여 세계 평화와 협력을 구축하려는 것임을 알 수 있다. 따라서 그는 솔직하게 '중국은 땅이 넓고 사람이 많기 때문에 세계에 더 많은 공헌을 해야 한다. 그러나 오늘날 중국은 경제적으로 아직 부유하지 않아서 세계에 기여하는 데에 한계가 있으므로 더욱 노력해야 한다. 앞으로 중국 경제가 발전하고 강대해지더라도 '절대로 초강대국이 되지는 않을 것이다'라고 표현하였다. 나아가 그는 '20세기 마지막 25년은 세계에서 가장 중요한 시기이다. 서로 평등한 위치에 서서 서로 협력하고 함께 노력해야 한다.'라고 밝혔다.[80] 여기에서 그는 중국이 세계와 미래를 향하여 열심히 발전하고, 더욱 평등하고 협력할 수 있는 세계질서를 세우기 위하여 노력할 것임을 명확하게 드러내고 있다. 이는 평화를 실현하고 인류가 화해하며 발전하는 방향이다.

주목할 만한 것은 주은래가 젊고 유능한 이케다에게 특별하게 '당신은 젊기 때문에 나는 당신과 교제하는 것을 매우 중요하게 여긴다'고

80 池田大作著：《我的中国观》，四川人民出版社2009年版，第161页。

말했다는 것이다.[81] 즉 그가 이케다에게 중일 우호 교류와 세계 평화를 추진하는 중책을 맡기려는 것을 알 수 있다. 또한 그가 중일 세대 간 우호사업을 이케다 및 그가 이끄는 창가학회에 부탁하는 것은 민중에 대한 충분한 믿음과 민간외교 중시를 의미하고 있다. 이케다는 첫 중국 방문 후 한 인터뷰에서 '중국은 일본의 허위적 우호 제스처를 극도로 경계하고 있다. 그들은 우리에게 '대대손손', '세세대대'로 이어지는 우호를 말하는데 이는 우리 세대뿐 아니라 먼 훗날에도 무너지지 않는 우호관계를 기대한다는 것이다.'[82] 따라서 '중일 우호관계에 있어서 총리는 궁극적으로 인민을 근본으로 생각한 것이다. 종이 한 장인 조약은 쉽게 변한다. 총리의 생각은 '민중이 서로 참된 이해, 신뢰 관계를 구축해야 진정한 중일 우호가 있을 수 있다'는 것이다.

이상의 내용을 정리해보면 '주은래와 이케다의 회담'은 주은래가 중일 관계에 착안하여 취한 중요한 조치임을 알 수 있다. 이케다에 대한 그의 신뢰와 부탁은 중일관계와 민중을 긴밀하게 연결시켜 고려하였다는 것을 보여준다. 또한 중일 세대를 아우르는 우호 사업이 실현될 것임을 굳게 믿었고, 이는 결국 중일 인민의 우호적인 교류에 기초해야 된다는 것을 알고 있었다.

이케다는 주은래의 부탁에 감동하여 '마음속으로 중일 양국의 우호, 아시아 인민들의 행복을 위하여 기여할 것이라고 깊이 맹세하였다.'[83] 그는 여러 차례 '내가 살아있는 동안 총리의 부탁을 명심하고 전심전력

---

81 池田大作著：《我的中国观》，第152页。

82 《现代周刊》，1974年7月1日。

83 《"与自然对话——池田大作摄影展"致辞》，载《黎明圣报》，2004年11月8日。

으로 중일 양국 인민의 세세대대 우호적인 관계를 위하여 노력할 것이다'고 밝혔다.[84]

1974년부터 1997년까지 이케다는 중국을 10차례 방문을 하였다. 이 기간이 바로 주은래와 이케다가 회담에서 언급했던 '20세기의 마지막 25년'이었다. 이러한 중일 우호적인 미래에 관한 중요한 시기에 이케다는 주은래가 부탁한 '서로 평등한 위치에서 서로 협력하고 함께 노력하자'는 정신을 가지고 끊임없이 중일 양국의 문화와 교육의 교류를 추진하고 실질적 행동으로 주은래의 마지막 부탁을 이루고자 하였다.

본인이 직접 하는 것 외에 이케다는 중일화평우호 사업의 전승과 발전에도 힘썼다. 그는 특히 중일 양국 인민들의 '마음의 교류'를 발전시키는 일을 중요시하고 창가학회, 민주음악협회(民主音樂協會), 도쿄후지미술관(東京富士美術館), 소카대학교 등의 기관들을 이끌면서 줄곧 중일 우호 사업에서 다채로운 문화, 교육활동을 벌였다.

이미 1975년에 이케다는 주은래와의 약속을 이행하였다. 2차 세계대전 후 중국의 첫 국비 유학생 6명이 소카대로 유학하였다. 1979년 소카대와 베이징대는 일본 최초로 교류 협정을 맺었다. 현재까지 소카대는 중국 30여 개 대학과 협력, 교류관계를 맺었고 중국 각 고등 교육기관의 교사 160여 명을 교환 교직원으로 소카대에서 교류하였다. 또 대학생 600여 명을 중국 각 대학으로 보내어 교류하고 학습하게 하였다. 2006년 3월, 중일 우호 관계를 한층 더 발전시키기 위하여 소카대는 베이징대에 사무소를 설립하고 다양한 방면, 각도에서 교육교류를

84 王炳根：《与池田大作对话》， 载《福建论坛・人文社会科学版》2004年第7期, 第75页。

중심으로 한 우호 교류 활동을 펼쳤다. 이와 동시에 소카대는 '중일우호학술교류연구자조계획(中日友好學術交流研究資助計劃)'을 만들었다. 이는 중국의 각 대학 및 연구기관에서 진행하는 '중일 양국의 이해를 깊게 하고, 양국 우호관계 추진을 목적으로 하는 연구, 특히 평화, 문화, 교육사업을 위해 노력하는 연구 프로젝트'를 후원하였고, 연구자를 초대하거나 그 학교를 방문하기도 하였다. 따라서 중국 각 고등 교육기관과 학술연구를 진행하는 체계적인 후원, 교류 시스템이 생겼는데 이는 소카대와 중국교육교류가 제도화의 새로운 단계에 진입했다는 것을 보여준다.

소카대는 중국 각 고등 교육 기관과 교육 교류 활동을 펼치는 것을 중시할 뿐 아니라 일본과 중국에 우호적인 캠퍼스 문화 분위기를 만드는 것도 중요하게 여기고 있다. 소카대에는 널리 알려진 '주앵(周櫻)', 즉 '주은래 부부 기념 벚꽃나무(周夫婦櫻)'가 있는데 1979년 이래로 매년 벚꽃이 만개할 때에 학생들이 '벚꽃놀이(周櫻觀賞會)'를 주최하여 일본과 세계 각 지역에 큰 영향을 미쳤다. 이외에도 캠퍼스 내에서 일중우호를 표시하는 기념비를 쉽게 볼 수 있다. '일중우호' 기념비는 소카대 학생조직 중국연구회가 '일중화평우호조약' 체결 25주년을 기념하고, 이케다가 '일중국교정상화창언' 발표 35주년을 기념하는 2003년에 세운 것이다. 캠퍼스 내에서 가장 큰 학생 기숙사 '다키야마 기숙사(瀧山寮)' 문패는 베이징대 전 명예총장 쑤부칭(蘇步青)이 쓴 것이다. 캠퍼스 내에서 가장 아름다운 '문학의 연못' 위의 '문학의 다리'는 둔황연구소(敦煌研究所)의 유명 학자 창수홍(常書鴻)이 쓴 것이다.

이케다의 주도하에 소카대는 이미 일중 우호 교류의 중요한 곳으로 자리매김하게 되었다. 소카대 총장 야마모토 히데오(山本英夫)는 '시대가 어떻게 변하든 간에 우리는 발기인 이케다의 '중일 우호는 세계 평화의 관건이다.'라는 신념을 잘 지켜서 일중 우호의 미래를 위해 전심전력으로 양국 교류활동을 발전시켜야 한다.'고 말하였다.

솔직히 말해서 주은래가 서거한 후 40년간 중일 관계의 변천과정을 보면 줄곧 우여곡절로 인해 사회 전반에 부정적인 감정이 깊다. 특히 2012년 중일 국교 정상화 기념일 즈음에 중일 양국은 다오위다오(釣魚島) 문제로 관계가 최악으로 치달았다. 그러나 수십 년 이래 줄곧 평화우호사업에 의식을 가진 많은 사람들의 노력으로 21세기에 이르러 든든한 중일 평화우호 사회역량을 형성했다는 점은 무시할 수 없다. 원자바오(溫家寶)는 동일본 대지진 이후 방일 시 '중일 우호의 기초는 민간에 있고, 풀뿌리에 있다. 이러한 역량을 우습게 여기면 안 된다. 이러한 역량들이 줄곧 중일 우호를 추진하여 앞으로 나아간 것이다.'라고 하였다. 중일 국교 정상화 이래의 역사가 증명하듯이 중일 관계는 때때로 '단단한 얼음'에 부딪히기도 하지만, 폭넓은 중일 민간 우호 교류는 항상 양국 관계에 '따뜻한 봄'을 맞이하는 데 강한 버팀목이 되었다. 주은래가 근본적인 양국 화해를 위해 노력할 때 중일 세대를 잇는 우호와 항구적 세계평화의 희망을 정부의 힘에만 기대지 않고 인민들의 역량에 바탕을 둔 것은 바로 이 때문이라고 할 수 있다.

제6장

김대중과 한미관계

김기정 | 연세대학교 정치외교학과 교수

1. 김대중과 한국외교사

정치 지도자의 정치적 공과를 평가할 때 먼저 염두에 둬야 하는 점은 그가 얼마나 면밀히 역사적 흐름과 좌표를 독해하고 있었느냐에 대한 평가다. 지도자에게 필요한 덕목의 하나가 역사인식(historical vision)이라는 것도 이러한 이유에서다. 역사적 흐름을 제대로 읽고 그 흐름 속에서 주어진 난관들을 헤쳐 나가려는 지도자가 있는가 하면, 역사인식에 둔감하거나 혹은 역질주(逆疾走)로 파행을 거듭하여 시계침을 거꾸로 돌리는 정치지도자도 있다. 한국 현대 정치사에 있어 김대중 정권이 출범했던 1998년의 역사적 좌표는 무엇이었는가? 그리고 정치인 김대중은 대한민국 수립 이후 반세기의 역사를 어떻게 읽고 있었는가?

대한민국 탄생과 함께 주어졌던 과제는 빈곤의 탈출, 민주적 정치체제로의 이행, 그리고 분단의 극복이었다. 1998년 '국민의 정부'라는 이름을 내걸고 출범한 김대중 정권은 박정희 시대의 압축성장 산업화를 통한 경제발전, 1987년 6월 항쟁이후 민주화 성취라는 두 가지 역사적 과제가 선결된 이후 등장한 정권이었다. 따라서 민주주의 공고화, 개혁을 통한 경제발전의 내실화 못지않게 중요한 과제는 분단 극복을 위한 남북관계의 변화였다. 그 역사적 흐름의 큰 맥을 제대로 짚었던 것이 김대중이었고, 김대중 정권에게 대북정책의 대전환을 통한 냉전형 남북관계의 변화 시도는 어쩌면 역사적 필연이었다.

김대중 정권 출범기의 외교사적 좌표도 국내정치사적 맥락과 크게 다르지 않았다. 사실 산업화, 민주화의 과제에 비교할 때 분단극복이 마지막 과제로 남겨졌던 이유도 국제정치적 요인의 견고한 지속성, 즉 한반도를 둘러싼 동북아의 냉전구도 때문이었다. 한반도는 동북아 냉전의 진원지였고 대립적 균형질서를 유지시켜 온 최일선이었다. 냉전 초기부터 한국의 역대정권이 취했던 외교전략의 핵심은 한미동맹을 근간으로 하는 진영화 구도 속의 생존이었다. 일본과는 역사문제로 인해 긴장과 협력을 병행했지만 기본적으로 한-미-일 삼각구도를 유지하면서 역내 북방삼각관계 (소련-중국-북한)와의 대립전략이 기축이었다. 그것은 이승만 정권에 의해 기본골격이 만들어졌고 박정희 정권에 의해 견고해졌던 냉전형 진영구도 전략이었다. 생존지향적 외교전략이었고, 동시에 미국중심형 외교였다. 한반도 분단구조도 극복과 해체의 대상이라기보다는 대결과 대립을 통한 분단구조 유지와 강화가 우선순위에 놓였다. 그 틀에 근본변화가 왔던 것은 1980년대 후반, 세계적 현상으로 확산되었던 탈냉전기로의 이행이었다. 한국 외교사에 있어 중대한 변화의 시작은 노태우 정권의 북방정책이었다. 한중수교, 한소수교를 통해 교차승인 구도를 만드는 것에 일차적 성공을 거두었다. 진영화 전략의 오랜 틀을 벗어나고자 했던 신호탄이었다. 그러나 북방정책의 궁극적 종착점이 북한이었고, 1992년 남북기본합의서를 통해 한반도 해빙을 위한 제도적 틀을 만들었음에도 불구하고 남북관계는 더 이상 진전되지 못했다. 김영삼 정권을 거치면서 남북관계는 오히려 퇴행되어 있었다. 김영삼 정권은 신외교를 주창하며 세계화 외교, 다변화 외교, 다원화 외교, 지역협력 외교를 전개하였다. 한국의 국력성장이라는 환경변화에 따른 외교 외연의 확장 시도였다. 그러나 경색된 남북관계로 인해 신외교의 성과는 퇴색되어 버렸다.

한반도 분단을 어떤 전략으로 대응하고 관리하느냐의 관점에서 볼 때 김대중 정권이 들어섰던 1998년 이전의 시대는 적대적 대립과 적대적 공존의 시대였다. 외교전략도 남북대립구도에 발이 묶이거나 분단구조로 환원되었다. 남북한 정권의 정치적 이익계산법이 적대적 의존관계를 연장시켜왔던 터였다.[85] 남북한 적대적 관계가 외교전략까지 지배해버렸던 것이다. 김대중이 모색하려 했던 새로운 질서는 그것을 넘어서려는 시도였다. 남북한 분단구조가 외교를 장악하는 방향이 아니라 그 반대로 외교전략을 통해 분단과 냉전구조를 해체하려는 시도였다. 김대중이 구상했던 새로운 한반도는 남북한 화해협력을 통한 평화적 공존질서였다. 외교전략도 그 목표를 성취하기 위한 것으로 활용되었다. 사실상 그 목표를 일정 정도 성취했던 시기가 김대중 정권이었다. 그는 정치일생 줄곧 '용공주의자'라는 정치적 의구심과 음해에 시달려왔다. 그랬던 만큼 정치인 김대중으로서 남북관계를 진전시키려는 시도자체가 그만큼 큰 위험부담을 안고 있었다. 그러나 동시에 남북관계는 그가 평생을 통해 축적해 왔던 정치적 이상과 역량을 발휘할 수

85 김근식, 『대북포용정책의 진화를 위하여』 (서울: 한울, 2011).

있는 영역이기도 했다. 적대적인 국가와 적대적 관계를 관계 속에서는 어떤 해결의 실마리도 찾을 수 없다는 것이 김대중의 사상이었고 전략이었다. 사실, 1970년대 초반 역설했던 '4대국 안전보장론'도 적대관계 해소를 통하지 않고는 평화공존으로 나아갈 수 없다는 그의 철학이 담겼던 주장이었다. 김대중 정권이 가지는 한국 외교사적 의미는 대결중심의 냉전형 패러다임을 전환시키려 했다는 점에 있다.

2. 김대중의 한반도 평화질서구상과 대미 외교전략

김대중 시기의 대북정책은 냉전적 분단 구조를 해빙시키는 것에 일차적 목표를 두고 있었다. 그리고 그 방법은 무력통일이나 흡수통일이 아니라 남북한 화해협력 구도를 만들어 나가는 것이었다. 분단 극복의 최종적 도달점이 통일이라면 한반도 통일을 향한 첫 단추를 제대로 끼는 것에 정책적 목표를 두었다. 그 구상은 북한 붕괴론의 유혹으로부터 자유롭지 못했던 전임 김영삼 정권에 대한 정책적 비판이기도 했다. 김대중 정권의 외교전략도 한반도 냉전구도를 변화시키는 것에 국제적 환경을 어떻게 조화롭게 활용하느냐에 맞추어졌다. 대미관계의 기본전략도 마찬가지였다.

햇볕정책을 상징되는 김대중의 대북정책은 흡수통일 배제, 무력사용 불용, 화해협력 추진 등 세 가지 목표를 가지고 있었다. 불신구도를 화해협력구도로 전환시킴으로써 남북관계를 안정적으로 관리하려는 것에 목표를 두고 있었고, 북한을 국제사회의 일원으로 진입시키고 접촉과 협력을 통해 경직된 북한체제를 변화시키고자 했다. 이러한 정책

구상은 탈냉전기 클린턴 행정부의 연착륙(soft-landing) 전략과도 맥을 같이하고 있었다. 선경후정(先經後政), 즉 정치와 경제를 전략적으로 분리시키고 비정치적 분야에 있어서의 교류 협력을 확대함으로써 궁극적으로 정치 및 군사 분야의 신뢰구축을 도모하고자 했다. 그런 점에서 김대중 정권의 햇볕정책은 기능주의적 통합이론에 이론적 기반을 둔 정치적 실천이기도 했다.[86]

정주영 회장의 소떼 방북으로부터 시작된 남북관계의 해빙은 김대중 정권 5년 동안 많은 변화를 가져왔다. 남북회담이 60차례나 열렸고, 공동보도문 18건, 합의서 22건이 채택되었다.[87] 남북 교역 규모도 98년 2억 달러에서 2002년에는 6억 4천만 달러로 증가하였으며, 방북자의 숫자는 획기적으로 증가하여 89년 '남북교류협력에 관한 지침'으로 방북이 허용되었던 시점과 비교하면 무려 16배에 달하는 인원이 북한을 방문하였다.[88] 한편 금강산 관광이 개시됨으로써 동해선의 철도 및 도로가 연결되었고 비무장지대에서 철책과 지뢰가 일부 제거되고 군사 핫라인이 개설되는 등, 남북한 군사신뢰구축도 일정정도 성과를 보였다. 햇볕정책의 하이라이트는 2000년 6월에 열렸던 남북한 정상회담이었다. 이 회담에서 남북 정상은 '6·15 남북공동선언'을 통해 '통일문제 자주적 해결' '연합제와 낮은 단계의 연방제 안의 공통점 상호 인정' '가족 친척방문단 교환', '협력과 교류 활성화' 등을 합의했다.

김대중 정권 기간 동안 대미관계는 주로 대북정책의 변화를 선도하

86 김기정, 『주간동아』, 2009년 9월 1일.
87 통일부, 『통일백서』, 1998-2003년 일지 (서울: 통일부 통일정책실) 참조.
88 통일부 홈페이지 통계자료 〈남북 인적·물적 왕래〉, 〈남북 교류협력〉 참조.

려는 한국 측 입장에 미국의 지지를 받는 것을 중심으로 전개되었다. 그러나 클린턴 행정부와 부시 행정부 두 시기 동안 김대중 정권의 대미 관계는 극명한 온도 차를 보였다. 1993년 3월 북한은 국제원자력기구의 특별사찰을 거부하고 핵무기비확산조약 (NPT)을 탈퇴한다고 발표했다. 북한 핵문제의 시발이었다. 사회주의 몰락이후 체제유지에 심각한 불안을 가졌던 북한은 그것을 돌파하기 위한 방법의 하나로 핵개발 카드를 들고 나왔다. 핵개발 선언은 핵무기의 국제적 확산을 통제해 왔던 미국의 아킬레스 건이었다. 북한은 그것을 직접 건드려 미국으로부터 체제안정을 보장받겠다는 의도였다. 그것은 일종의 스토킹 행태였다. 1차 핵 위기는 북미 고위급 회담을 거친 후 1994년 10월 '제네바 합의틀'을 도출함으로써 가까스로 첫 위기는 넘겼다. 제네바 합의틀은 '비확산과 체제보장'의 상호이익을 맞교환하는 구조였다. 그러나 제네바 합의틀을 이행하는 단계에서 양국의 불신구조가 드러나기 시작했다. 북한붕괴론의 망상을 가졌던 김영삼 정권의 대북정책도 북미간 불신구조 증폭에 일조했다. 남북관계는 경색되었고 한국 외교는 한반도 문제에 관한한 길을 잃고 있었다. 북한의 통미봉남 전략과 맞물리면서 한국 정부는 미국의 바짓가랑이만 붙잡고 있는 형국이 되어버렸다. 클린턴의 미국으로서도 김영삼 정권의 대미정책을 그다지 달갑게 생각하고 있지 않았다.

김대중은 한반도 냉전구도 해체에 미국을 활용해야 한다고 보았다. 미국은 한반도뿐 아니라 동북아의 안정적 균형자 역할을 담당할 수 있는 국가로 간주했다. 김대중의 동북아에서 미국의 역할에 관한 인식은 그의 발언에 여실히 드러나 있다. "아시아에서 우리나라와 일본에 있는 미군이 철수하면 아시아는 진공사태가 되어 일본과 중국 간에 군비경쟁과 헤게모니 투쟁이 생길 것이다. ... 그런데 미군이 주둔하고 있음으로 해서 세력균형과 현상유지가 되고 있는 것이다. 또한 중국과 일본도 군사력을 강화하는 일은 없을 것이다. 우리는 미군을 주둔하게 함으로써 안정과 평화를 유지하는 것이다..."[89] 김대중은 주한 미군의 주둔문제도 미국과 한국 간 공통의 이익이 존재하기 때문이라는 실용주의적 관점에서 해석하였다.

김대중은 일생 한 번도 반미(反美)를 입에 올린 적이 없었다. 1970년대 한국의 민주주의가 위기에 놓였을 때 미국의 대한 정책을 비판한 적은 있었지만 그것을 두고 그를 반미론자라고 평가한 적은 없었다. 집권 이후에도 그는 친미(親美)정책 기조를 유지했다. 그렇다고 미국, 그리고 한미동맹을 신성불가침 영역으로 간주하지는 않았다. 박인휘의 표현대로 김대중은 한미동맹에 종속되려 했던 것이 아니라 '동맹을 이용'하려 했다.[90] 그는 이미 1960년대 미국의 대일 경사(傾斜)정책이 동북아 불안정의 원인이 될 수 있음을 경고하기도 했다. 무엇보다도 김대중은 동북아에서 진영화 구도가 경화(硬化)되면 한국 외교가 움직일 수 있는 공간이 제한된다고 봤던 것이다. 그는 미국을 한국의 구상대로 견인하고 일본 중국 등 역내 강국들과 절절하게 균형을 이루어야 한국 외교에 유리한 환경이 될 것으로 구상하고 있었다. 1970년대 '4대국 안전보장론'의 철학적 연장선에서 그는 집권 이후 '1 동맹 3 우호체제'의 구

89 박명림, 지상현, "탈냉전기 한국의 동아시아 인식과 구상: 김대중 사례 연구," 『한국정치학회보』, 제43집 제4호 (2009), p. 157.

90 박인휘, "박정희, 김대중의 국가이익과 한미관계: 동맹-자주의 '분절' 혹은 '통합'" 양승함 (편) 『한국 국가관리와 대통령 리더십의 비전과 모델』 (서울: 연세대학교 국가관리연구원, 2010).

상을 실천하려고 노력하였다.[91] 미국과는 동맹관계를 통해서, 그리고 주변 열강들과는 우호적이고 조화로운 관계를 유지함으로써 역내 안보 불안을 해소한다는 것이 '1동맹 3 우호체제'였다.

미국의 외교정책을 한반도로 견인하되 한국의 이익에 부합하도록 미국을 설득한다는 구상은 상당히 창의적이었고 대담한 접근이었다. 김대중은 동북아 지역 안보 딜레마는 한반도 분단이 주는 위기가 해결되지 않으면 불가능하다고 봤다. 미국을 비롯한 역내 국가들과의 외교적 관계의 초점은 한국이 주도하는 한반도 냉전구도 해체 구상에 외교적 지지를 얻어내는 것에 두었다. 무엇보다도 미국의 지원이 필수적이었다. 김영삼 정권 후반기에 이르러 한미관계에는 다소 냉기류가 흐르고 있었다. 김대중은 취임 후 첫 해외순방으로 1998년 6월 미국을 방문하였다. 김대중의 한반도 화해 협력 구상은 클린턴의 북한 연착륙 전략(soft-landing)과 맥이 통하는 것이었다. 한미 정상회담에서 양국 정상들은 한미동맹의 견고함을 확인하였고, 김대중은 클린턴에게 대북 경수로에 관한 미국의 지원, 북미관계 개선, 남북관계의 남부 당사자 주도 등 주요 정책방향에서 미국의 협조를 요청하였다.

민주당 클린턴 행정부와는 정책적 공조를 통해 남북미 삼각관계의 선순환 구도를 만드는 첫 작업에 성공을 거두었다. 이 무렵 북한은 미국에 대해 선제적 압박전술의 하나로 1998년 8월 대포동 1호 미사일을 발사했다. 북미 간 긴장국면이 다시 도래했다. 이 긴장국면의 돌파구도 김대중이 열어나갔다. 임동원이 원안을 만들고 김대중의 제가를 받았던 '한반도 냉전구조 해체를 위한 포괄적 접근 전략'은 후일 페리보고서

91 박명림, 지상현, 앞의 글 (2009), p. 157.

의 근간이 되었다.[92] 1999년 9월 발표된 대북정책조정관 페리 (William J. Perry)의 보고서대로 미국은 대북정책을 조정하였다. 페리프로세스는 ① 북한의 미사일 시험발사 저지 및 한반도 평화분위기 조성, ② 중기 목표로 북한의 핵 및 미사일 개발 완전 저지, ③ 대북 경제완화, ④ 북미관계 정상화, ⑤ 장기 목표로 북미 수교를 통한 한반도 냉전구조 해체 등의 내용을 담고 있었다. 페리 자신이 고백했듯 그의 보고서는 김대중의 '한반도 냉전구조 해체를 위한 포괄적 접근'이 기본틀로 하여 만들어졌다. 워싱턴과 조율을 담당했던 임동원의 회고에서도 보듯이 '이는 한미 외교사상 처음으로 정책공조를 우리가 주도하는 선례를 세운 것'이었다.[93]

난관에 봉착했던 북미합의구조를 페리 프로세스로 반전시켰던 것은 김대중 정권의 정치적, 외교적 성과였다. 이후 북미관계는 급물살을 탔고 2000년에 들어 북미 간 베를린 합의 도출, 조명록의 워싱턴 방문, 정전체제를 평화체제로 전환하는 것에 합의한 북미 공동커뮤니케 발표, 올브라이트 국무장관의 방북, 클린턴 대통령의 평양 방문 추진 등으로 대미외교 및 햇볕정책의 외곽적 환경이 거의 완성되는 듯 보였다.

그러나 부시대통령과 네오콘의 등장은 김대중 정권의 대미 외교전선에, 또 햇볕정책에도 중대한 시련을 가져왔다. 클린턴 정책 뒤집기(ABC: Anything But Clinton)에 몰두했던 네오콘들은 북미기본합의가 북한의 협박에 굴복한 결과라며 비판하였고 북한에 대해 강경한 입장으로 선회하였다. 이에 따라 한미 간 정책공조도 위기를 맞았다. 특히

---

92 임동원, 『피스메이커』 (서울: 중앙북스, 2008).

93 위의 책.

9·11 테러 이후 미국은 북한을 이라크, 이란과 함께 '악의 축'으로 규정하기에 이르렀다. 대결중심 전략이었고 힘의 우위에 바탕한 압박전략이었다.

미국의 부시 행정부가 출범하면서 내품었던 대결중심적 정책기조는 그 파고의 강도가 워낙 높았다. 김대중 정권으로서는 어찌 보면 불가항력적 환경의 변화였다.[94] 그렇다고 정권말기에 접어든 김대중 정권으로서는 부시 행정부의 대북 인식에 편승하기 위해 근원적인 정책조정은 불가능했다. 부시-네오콘의 대결 중심적 세계관을 속수무책으로 관망하면서 김대중 정권은 햇볕정책의 정책적 정당성의 논리를 오히려 강화하였다. 이러한 배경에서 김대중 정권말기 대미정책과 부시 행정부 초기의 대한반도 정책에는 파열음이 날 수밖에 없었다. 그 대표적 위기가 고농축우라늄프로그램(HEUP)을 둘러싼 '2차 핵 위기'였다. 김대중 정권이 구상했던 남북관계의 해빙도, 북핵문제의 평화적 해법도 모두 노무현 정권에게 정치적 유산으로 이양되었다.

94 이론적 관점에서 볼 때, 비대칭 동맹을 둘러싼 환경 변화는 국제정치적 안정/불안정의 변화도 들 수 있지만, 동맹 내 강대국, 약소국이 각각 판단하는 환경변화도 작동한다. 그리고 이들 요소는 반드시 일치하지 않을 수 있다. 이를테면 강대국의 경우, 세계전략 환경 변화나 글로벌/지역적 권력구조 변동, 질서 위협요소 등이지만 약소국의 경우는 국력성장, 안보위협강도, 국내의 정치사회적 인식 변화 등을 들 수 있다. 이에 따라 강대국, 약소국의 외교전략 행위도 다르게 나타난다. 강대국의 경우, 주도, 회유, 강압, 양보 등의 행위가 표출되지만, 약소국의 경우는 순응, 호혜, 저항 등의 행위로 나타난다. 이에 대해서는 김기정, "전환기의 한미동맹: 이론과 현상,"『한국과 국제정치』, 24권 1호 (2008, 봄) 참조.

3. 김대중 외교전략과 철학의 평가

1) 평화주의: 한반도 평화구상

대한민국 출범 이후 한국 정권의 외교목표는 한반도 분단체제를 어떤 방식으로 관리하느냐와 밀접한 관련이 있다. 그것은 대한민국의 탄생의 역사적 환경이 낳았던 근원적 문제의 결과이기도 했다. 미소 간 대립이라는 냉전의 소용돌이 속에서 38도선 이남의 지역의 총선거에 의해 대한민국 정부가 수립되고, 38선 이북에는 또 다른 정치적 조직이 국가 형태를 갖추게 됨으로써 분단체제가 등장하였다. 한국의 외교전략은 탄생시기부터 북한 정권과의 적대적 관계 속에서 국가 존립과 통일을 위한 전략의 결합이라는 과제가 동시에 주어졌다. 거기에는 국가 생존 확보와 주권적 정체성 확립이라는 외교안보적 영역의 목표, 그리고 분단의 극복이라는 통일 지향의 목표가 결합되어 있었다.[95] 전자가 국가(state)로서의 의제였다면, 후자는 민족(nation) 영역의 문제이기도 했다. 전자가 구체적 정책실천의 문제였다면 후자는 정책의 상징적 의미를 갖는 수사(rhetoric)로서의 성격이 강했다. 대한민국 수립 이후 어떤 정권도 이 두 가지 목표로부터 벗어난 적은 없었다. 특히 한국전쟁 이후 국가의 안보는 미국과의 군사동맹과 군사지원, 한미관계의 강화를 통한 대북억지력 확보로써 보장받으려 했고, 외교정책도 국제사회에서 대한민국 탄생의 합법성에 관한 국제적 확인, 유일 합법정부로서의 위상, 정통성 확보의 방향 등에서 추진되었다. 통일정책은 정부

95 김기정, "한반도 분단관리와 한국 외교정책," 양승함 (편), 앞의 책, p. 48.

수립 초기 대북무력행사 불사론, 북진통일론 등에서 시작하여 평화통일정책 구상, 북방정책, 흡수통일론, 햇볕정책, 포용정책 등으로 변화하면서 역대 정권들은 다양한 대북정책의 방법과 구상이 제안되었다. 따라서 한국 역대 정부의 분단관리 방식에는 국제정치 축의 목표, 즉 안보확보 목표와 민족 축의 목표, 즉 통일방안 제시이라는 두 가지 영역이 결합되어 형성되었다.

'1민족 2개 국가'의 분단체제에서 한국의 정치 지도자들은 어떤 변수들을 고려하여 분단 관리 방식의 전략적 틀을 결정해 왔는가? 우선, 국가 생존 민감성에 대한 인식이라는 변수를 고려할 수 있다. 국가로서 정체성 확립을 위해 안보를 확보하려는 의도와 이에 필요한 수단의 가용범위가 국가의 생존민감성에 대한 인식을 결정한다. 이를테면 국가가 처해있는 국내외적 환경요소 때문에 안보가 취약하다고 인식할 때 생존 민감성 인식이 높아질 수밖에 없다. 반면, 국력이 성장하고 이에 따라 국방력이 증강되어 억지를 위한 군사력을 갖추었다고 판단하거나, 또는 국제환경이 전반적으로 안정되어 있으면 생존 민감성 인식이 낮아진다. 생존에 대한 강박관념이 낮아지면 외교안보전략의 대안적 선택범위가 상대적으로 넓어진다. 이른바 외교전략의 자유행동범위(freedom of action)가 넓어지고, 외교적 기동성(maneuverability)이 높아진다고 볼 수 있다. 생존과 주권 확보를 위한 외교전략은 다양하다. 이를테면 자주국방론, 군현대화 계획 등이 포함된 자강론적 자기방어(self-defense) 전략이 있다. 약소국의 경우, 특정 강대국과의 편승동맹도 생존전략의 하나다. 지역수준의 안보협력기제를 활용하는 국제안보전략, 지역적 세력균형을 통해 안보를 모색하는 균형동맹전략, 주변국들과의 전략적 외교관계를 강구하는 균형외교전략, 분쟁에 연루되는 가능성을 회피하는 개입회피전략 등이 있다.[96] 이론적으로 볼 때 안보 민감성이 높아질수록 생존을 보장받기 위한 전략으로 자강론이나 편승 동맹 등에 집중하게 되고, 낮아질수록 국제안보 전략, 균형외교 전략이나 개입회피 전략 등 다른 대안과의 결합 방법이 확대되고 이에 따라 국가전략의 선택범위가 넓어진다.

한국의 역대 정권들은 줄곧 국가 안보를 강조해 왔다. 그것은 냉전의 대립적 국제환경 속에서 국가로 살아남기 위한 생존전략이었다. 자강론(국방력 강화, 자주국방)과 편승동맹(한미동맹)을 결합한 전략이 핵심이었다. 냉전기에서 탈냉전기로 시대환경이 변화하면서 국가안보의 다양한 방법들이 모색되었다. 이를테면 동북아 다자간 안보협의체 구상이나 균형외교전략 등이었다. 한반도와 동북아 지역에서 대립적 세력균형(antagonistic balance of power)이 유지되었던 냉전시기에는 생존민감성의 인식이 높았다. 반면 탈냉전기의 유화적 국제정치적 환경변화, 그리고 국력 성장이라는 조건은 생존민감성에 대한 인식수준을 점차 낮추었다.

분단관리 방식을 결정하는 또 다른 요소는 남북한/민족 축에서 제기되는 통일문제다. 통일문제와 대북정책은 역대 정권에 따라 다양하게 변화하였다. 이승만 정권은 무력적 수단을 사용해서라도 통일을 이루겠다는 북진통일론을 주장했다. 그러나 북진통일론은 통일 정당성을 내세우는 상징적 의미만 강했을 뿐 남북한 관계는 물론, 국제정치 여건상 실현이 불가능한 한계를 내포하고 있었다. 요컨대 수사적 의미, 상

---

96 김기정, "21세기 한국 외교의 좌표와 과제: 동북아 균형자론의 국제정치학적 의미를 중심으로," 『국가전략』, 11권 4호 (2005 겨울), pp. 149-174.

징적 의미만을 드러냈던 것이 북진통일론이었다. 이에 비해 탈냉전기 환경과 더불어 제안되었던 대북 화해협력정책은 통합의 바탕을 형성하기 위한 기능주의적 접근이었다는 점에서 상징성보다는 실천적 의미가 더 두드러진 정책이었다. 분단국가로서 한국 외교 전략을 결정하는 두 변수, 즉 생존민감성 인식과 통일정책의 상징성/실천성을 결합해 볼 때, 분단관리 방식의 네 가지 전략 유형들을 예시할 수 있을 것이다.[97]

〈그림 6-1〉 한반도 분단관리 방식의 결정요인과 유형

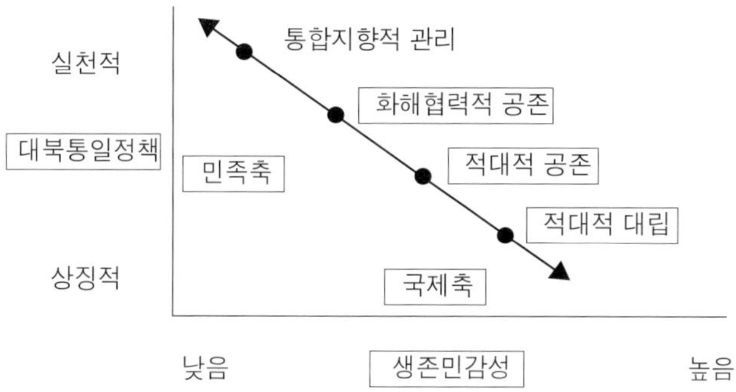

한반도 분단을 어떤 방식으로 관리하고 이를 위해 어떤 외교 전략을 수립할 것인가는 한반도를 둘러싼 환경변수를 인식하는 지도자의 정치적 선택의 문제다. 그리고 더 나아가 정치철학과 역사적 진행 방향에 관한 인식의 문제이기도 하다. 정부수립 이후 역대 정권의 한반도 분단관리의 양식은 크게 네 가지 패턴으로 나누어 구분할 수 있다. "첫째, 적대적 대립을 통한 분단관리 방식이다. 이 방식은 남북한 간 군사대립이 첨예해진 상황에서 안보영역의 생존민감성이 높을 때 그리고 대북

97 김기정, "한반도 분단관리와 한국 외교정책," 양승함 (편), 앞의 책, p. 59.

정책이 실천 가능성보다는 수사적 의미가 강한 정치적 공세 형태를 띠고 있을 때 나타났던 분단 관리방식이었다. 이승만 정권의 분단관리방식과 박정희 정권의 초기 (제3공화국 시기) 분단 관리방식이 여기에 해당된다. 두 번째는 적대적 공존을 통한 분단관리 방식이다. 남북한 간 군사적 대결상태를 유지하면서도 남북한 두 체제 간 적대적 공존을 필요로 하고 따라서 적대적 공존을 모색하던 시기의 분단관리 방식이었다. 1970년대 박정희 정권의 분단관리 방식이 여기에 해당된다. 남북한 정권은 이 기간 동안 정권의 유지를 위해 상대방과의 적대적 관계를 필요로 했던 적대적 상호의존성을 유지하였다. 세 번째 방식은 화해협력을 통한 평화적 공존방식이다. 남북한 군사대치 상태의 긴장완화, 경제협력과 신뢰구축 조치 등을 통해 분단을 관리하는 방식이다. 김대중 정권의 햇볕정책이 이러한 방식을 대변한다. 마지막으로 통합지향의 분단관리 방식이다. 이 방식은 남북한이 통일을 향해 국면을 진행할 때 나타날 수 있는 분단관리 방식이 된다."[98]

정치인 김대중이 선택했던 분단관리 방식은 적대적 공존방식에서 화해협력적 공존으로의 이행이었다. 그 바탕에는 김대중이 염원했던 한반도 평화에 대한 철학이 있었다. 김대중은 한반도에 다시 전쟁이 발발한다면 한민족에겐 어떤 희망도 없다고 봤다.[99] 전쟁은 어떤 일이 있더라도 막아야 한다는 것이 그의 기본 철학이었다. 전쟁을 방지하고 남북한이 평화의 기조 위에 화해 협력을 추진하는 것이 시대적 요청이요,

98 위의 책, pp. 59–60에서 재인용.
99 김대중, 박명림 대담, "정부수립 60주년 김대중 전 대통령 인터뷰: 민주적 시장경제와 평화공존에의 여정," 『역사비평』 (2008, 가을), p. 33.

그것을 이루기 위한 정책적 실천이 정치지도자에게 주어진 사명이라고 믿었다. 정권의 외교정책 전반적 기조가 한반도 분단문제를 해결하기 위해 패러다임 전환을 중심으로 시도되었던 것은 한국 역대 정권 중에서 최초의 일이었다. 그 방향은 대립이나 증오, 불완전한 평화가 아니라 지속가능한 한반도의 평화였던 것이다. 한반도의 평화가 동북아 평화의 토대가 되어야 한다는 것은 그가 평생 동안 역사를 성찰하면서 내렸던 결론의 하나였다.

2) 자주외교: 한반도 냉전구도 해체를 위한 포괄적 접근과 페리 프로세스

국내 인식의 영역에서도 김대중의 화해협력적 공존으로의 이행은 중요한 의미를 가진다. 한국 사회에는 한반도의 분단이라는 특수성 때문에 남북한 관계에 대한 두 가지 상이한 시각이 존재한다. 하나는 국가중심적(state-centric) 시각이며, 다른 하나는 민족중심적(nation-centric) 시각이다.[100] 각각의 시각은 한국의 대북정책은 물론 외교정책

---

100 Ki-Jung Kim and Duk-Ryong Yoon, "Beyond Mt. Kumkang: Social and Economic Implications," in Chung-in Moon and David I. Steinberg(eds), *Kim Dae-jung Government and Sunshine Policy* (Seoul: Yonsei University Press, 1999), pp. 105-136; Ki-Jung Kim and Jaemin Park, "Paradox of Dismantling the Cold War Structure: Domestic Barriers after the Summit Talk," in Moon Chung-in, Odd Arne Westad and Kahng Gyoo-Hyoung, *Ending the Cold War in Korea: Theoretical and Historical Perspectives* (Seoul: Yonsei University Press, 2001), pp. 319-336; 김기정, "노무현 대통령의 외교딜레마: 국내정치와 외교정책" 양승함 (편), 『노무현정부의 국가관리 성과와 과제』 (서울: 연세대학교 출판부, 2005), pp. 441-422.

에 있어서도 상이한 사회적, 이념적 기반을 제공하고 있다. 모순과 당위가 공존하고, 탈냉전의 국제환경과 냉전의 유산이 국내정치의 장에 공존하는 독특한 정치환경이다. 한국 정치에서 보수-진보를 구획하는 일차적 조건은 이 분단 패러다임으로부터 우선적으로 제기되는 것이다. 국가중심적 시각은 기본적으로 남북관계를 각각 독립된 국가 간의 관계로 간주한다. 남북한 관계를 서로 정치군사적으로 대립하고 있는 관계로 보는 시각이다. 이 시각에서는 현재의 남북한 관계를 상호 적대적 관계로 규정하여 남한의 사활적 이익은 북한의 군사적 위협으로부터 국가를 보호하여 주권국가로서 국가의 생존을 유지하는 데 있다는 논리다.

민족중심적 시각은 남북관계를 국가간 문제라기보다는 한반도의 내부 구성원의 문제로 접근해야 한다는 주장이다. 해방 이후 국제환경의 변화에 다른 정치적 이해의 격돌이 분단을 낳았고 한국사회의 현실적 제반 모순은 분단의 문제로부터 생겼다. 따라서 분단을 극복하기 위해서는 남북한 간 정치적 대립관계를 풀어내야 한다고 강조한다. 이에 따라 한국의 대북정책은 적대적 관계를 해소할 수 있는 방향으로 전개되어야 한다는 주장이다. 그러기 위해서는 정권 이익의 차원에서 분단을 볼 것이 아니라 북한 주민에 대한 인도주의적 지원이나 민족 동질성 회복의 방식을 통해 평화공존과 화해협력 정책으로 전환시켜야 한다는 것이다. 또한 한반도에서 평화공존은 불가능한 것이 아니며 현재 분단된 상태를 안정적이고 성공적으로 조정해 나간다면 점차적으로 통일이 가능하다는 것이다. 비정치적 분야에서의 협력관계의 유지와 증진이 궁극적으로 남북한 간 정치적 통합으로 나아갈 것이라는 전제가 깔려 있다. 국제환경도 그러하였지만 냉전이 시작된 이래 오랫동안 존재해 왔던 인식적 관성 때문에 민족중심적 시각을 부분적으로 대북정책에 적용하는 정책적 전환은 결코 용이한 일이 아니었다. 김대중 정권의 한반도 분단 관리 방식은 분단 이후 금기시 되어왔던 민족중심 시각을 정책의 영역에서 부각시켰고, 정책적으로 실천했다는 의미를 담고 있다. 김대중은 기존의 국가중심 시각에 경도되어 있었던 대북정책에 민족중심 시각을 병치시킴으로써 균형적 접근을 시도했던 것이다.

아울러 한반도 문제를 '우리'의 문제로 접근하려는 시도는 실로 대담한 접근이었다. 비록 분단은 외부세력의 결정에 의한 것이었지만, 분단 해소의 책임은 일차적으로 남북한 당사자들이라는 인식이었다. 사실, 한반도의 지정학적 조건으로 인해 한반도 정치상황에는 복합적 좌표, 즉 국제정치축과 민족축의 교차라는 이중적 좌표가 작동해 왔다. 그중에서 한반도 분단의 원인은 물론 경과과정에도 국제정치적 동력이 지배적 동력이었다. 그런 틀 속에서 취약한 고리로 남아 있었던 민족 축의 강화, 즉 남북한 관계의 독자적 영역의 확보를 한국의 외교전략이 가져야 할 목표로서 주장하는 것은 결코 용이한 일이 아니었다. 우리의 시각과 이익의 관점에서 주변국들의 정책을 견인한다는 것은 대단히 창의적 발상이었다.

약소국으로서 한국 정치지도자들은 예외 없이 일종의 포박의식(siege / sandwich mentality)을 지녀왔다.[101] 포박의식은 한국 외교정책의 결정과정에 작동해 왔던 일종의 약소국 무력감이다. 갈등중심의 국

---

101 김기정, "약소국 외교정책의 이론적 탐색: 한국 외교사 연구를 위한 제언," 양승함 (편)『한국 국가관리와 대통령 리더십의 형성과 철학Ⅱ』(연세대학교 국가관리연구원, 2010).

제관계의 역사 속에 배태되어 왔던 일종의 자기제한적 인식이다. 요컨대 주변 열강의 공세적 외교와 강압 속에서 위협을 감내하면서 생존책을 강구해 왔던 약소국들이 힘의 논리에 스스로 압도당하고 행위범위를 스스로 제한하면서 생긴 인식이라 할 수 있다. 한국의 경우, 주권을 상실했던 근대 이후의 경험과 주변 강국들의 전략적 판단이 만들어 낸 분단과 전쟁, 냉전적 대립구조가 낳았던 약소국적 인식이다. 지정학적 조건이기도 하고 역사적 유산이기도 했다. 분단 이후 한국 외교에 자주 목격되는 수동성과 의존성은 그러한 인식의 결과이기도 했다. 강대국과의 외교관계에서 특히 한반도 문제와 관련해서 가지는 수동성은 약소국 포박의식의 부정적 측면이었다. 그것을 수용하느냐, 또는 극복하고 타개하느냐는 정치지도자에게 주어진 옵션이다. 정치적 선택의 문제이기도 했고, 현실과 이상의 충돌이기도 했다. 김대중은 포박의식을 능동적으로 타개하려 했던 인물이었다. 그것이 한반도 문제에 관한한 일차적 책임자는 '우리'라는 인식으로 나타났고, 주변국들과의 정책 공조도 우리가 견인해야 하고 선도할 수 있어야 한다는 자신감으로 표현되었다. 그것이 민족 축 강화를 통한 한반도 문제의 균형적 접근이었다.

미국과의 동맹관계도 동맹 담론에 포획되기 보다는 실용주의적 관점에서 공통의 이익을 추구할 수 있다는 논리였다. 한미공조가 한국 외교의 자율적 범위를 축소시키는 방향이 아니라 한국 이익에 맞게 미국을 설득한다는 논리였다. '포기의 공포(fear of abandonment)'의 인식틀로부터 빠져나오지 못하는 인식적 행태를 비판적으로 봤던 것이다. 한국 스스로 외교적 대안들을 제한시켜왔던 것에 대한 비판이기도 했다. 김대중 정권의 대미정책은 이후 노무현 정권 시기처럼 한미관계가 다소 불편할 정도로 한미관계 재조정을 정책담론으로 내세우지는 않았으나 정책기조의 큰 틀은 그 당시부터 시작된 것이었다. 그런 의미에서 외교수사 상으로는 노무현 정권 때처럼 '자주'를 명시적으로 드러내지는 않았으나 남북한 관계에서 한국이 어느 정도 독자적 영역의 확보가 필요하다고 판단하고 있었다는 점에서는 '자주외교'를 실천했다고 평가할 수 있다.[102] 북한과 화해협력정책을 추진하면서도 한반도 통일 이후에라도 주한 미군은 동북아 안정을 위해 필요하다는 언급을 통해 한미관계의 급속한 냉각을 피해갔다. 그러면서도 1998년 이후 북핵 위기가 재차 도래했을 때 '한반도 냉전구도 해체를 위한 포괄적 접근'으로 미국을 외교적으로 설득하였다. 자칫 북한에 대해 강경책으로 전환될 수 있었던 미국을 움직여 북핵의 평화적 해결, 상호위협을 줄이면서 호혜적 관계 구축, 한반도 평화체제 구축을 제안하는 페리 프로세스를 이끌어냈던 점 등은 특히 한국 외교사에 특기할 만한 일이었다. 김대중의 대미 외교는 한국–미국–북한의 삼각관계의 외교적 틀 속에서 한국의 자율적 공간을 확보하려 노력했고, 미국을 한국의 이익에 맞춰 선도했던 자주외교로 평가할 수 있다.[103]

남북 분단 이후 김대중 정권의 외교전략과 한반도 구상은 분단 이후 최초로 협력과 공생의 관계를 모색함으로써 남북 관계를 진전시켰다는 점에 있어 중요한 역사적 평가를 받기에 충분하다. 다만, 성과에 골몰하여 조급한 대북 정책을 추진했다는 비판도 있었다. 이른바 '퍼주기' 논란, 5억 달러 비밀 송금 등의 논란이 그것이었다. 보수적 언론의 프레임에 의한 비판이어서 다소 불공정하다는 항변도 있을 수 있다. 속도

102 위의 글, p. 32.
103 위의 글, p. 33.

에 치중했었다는 지적은 대통령 5년 단임제의 구조적 문제에서 기인하는 것이기도 하지만, 오랜 냉전시대의 인식적 관성이 한국사회 내 존재하고 있다는 사실을 간과했었다는 점, 정책전환으로 사회적 인식 변화를 선도해 나갈 수 있다는 지나친 자신감 때문이었을 것이다.[104] 이는 후일 소위 남남갈등의 원인으로 작동하기도 했다.

남북한 냉전구도를 정책적 전환으로 변화시키려 했던 김대중 정권, 그 공과는 훗날 남북관계의 변화양상에 따라 또 다른 역사적 평가가 내려질 것이다. 다만, 적어도 그의 시대에서 남북한 평화적 공존을 향한 정책적 시도가 탈냉전기 국제정치 환경변화에 조응하는 방향에서 전개되었다는 점에 있어서는 정치인 김대중의 역사인식과 정치철학을 높게 평가하지 않을 수 없을 것이다.

104 김기정, 『주간동아』, 2009년 9월 1일.

제7장

대립에서 대화로: 주은래와 중미관계

쉬싱(徐行) | 남개대 주은래정부관리학원 교수

1. 서론

1950년대에서 70년대에 이르기까지 중국과 미국의 관계는 여러 기복을 거쳐 거대한 변화를 이루어냈다. 즉 직접적인 군사 대립으로부터 양국 정상회담에 이르기까지 주은래는 이 거대한 변화 과정에서 중요한 영향을 미친 중심인물이었다. 특히 중국외교의 방침을 정하고 각종 정책을 실시하는 데 결정적인 역할을 하였다. 신중국 건립 후 미국과의 교섭과 담판 및 중미관계의 변화에서 그의 역할을 세 단계로 나뉘어 볼 수 있다.

첫 번째 단계: 중화인민공화국이 수립된 이후부터 50년대 중반까지 한국전쟁의 발발로 인해 중미관계는 최악의 상황이었다. 주은래는 교전국의 입장에서 미국의 대외정책을 분석하고 미국 비난 성명을 발표하였다. 또 그는 6·25전쟁(항미원조)의 전략과 작전지휘에 참여하여 직접적으로 휴전협상과 체결을 지휘하였다.

두 번째 단계: 1955년부터 1969년까지 주은래는 평화적 외교정책을 추진하였는데 그는 단호히 미국의 침략과 정책 간섭을 반대하는 동시에 중국과 미국이 서로 관계를 유지하는 노선을 선택하고 대사급 회담을 직접 이끌었다. 비록 당시 타이완해협 위기가 발생하였지만 양국 관계는 점차 완화되는 추세였다.

세 번째 단계: 1969년부터 1975년까지 주은래는 마지막으로 외빈[105]을 접견하고, 국제형세와 중미관계에 대하여 새롭게 분석하였다. 그는 마오쩌둥과 함께 미국에 대한 중국의 외교전략을 조정하여 '핑퐁외교'를 내세웠다. 그리고 대통령 보좌관 겸 미국국가 안전 보장회의 사무국장인 헨리 키신저(Henry Alfred Kissinger)의 중국 비밀 방문을 여러 차례 추진하였다. 결국 미국 대통령 닉슨(Richard Nixon)이 중국을 정식 방문하고, 상하이공동성명을 발표하자 중미관계가 새로운 단계로 진입하게 하였다.

미국에 대한 주은래의 인식과 견해는 중국공산당 1세대 지도자들의 공동 인식을 대표한다고 할 수 있다. 이러한 인식은 중국 공산당과 중국 정부가 대외 국정 방침을 제정하는 기초가 되었다. 이 글에서는 우선 중미 관계가 대립에서 대화로 나아가는 과정에서 주은래가 맡은 중요한 역할을 객관적 사실에 기초하여 자세히 살펴보고 평가한다. 이어 두 번째, 세 번째 단계에서 주은래가 미국정부 정책을 어떻게 분석했는지 알아보고, 이 같은 그의 인식이 중국 외교방침과 중미관계에 미친

105 1975년 9월 7일 주은래는 병원에서 마지막으로 루마니아 당정 대표단을 접견하였다. 中共中央文献研究室编：《周恩来年谱 一九四九－一九七六》下卷，中央文献出版社，1997年版，第719页。

큰 영향에 대하여 분석하고 서술하고자 한다.

2. 비밀 접촉 노선으로부터 양국 대사급 회담 견인

중화인민공화국 건국 이후에 중미관계의 난제는 바로 타이완문제였다. 중국은 해협 양안의 통일을 이루고자 하여 미국에 장제스 정부 지원 정책(扶蔣政策)을 포기할 것을 요구하였다. 미국은 해협 양안의 대치상황을 유지하기 위해 대륙과 타이완의 군사적인 세력균형과 단절상황을 조성하였다. 또한 당시 한국전쟁은 미국과 타이완의 정치, 군사 결합을 강화하여 중국공산당과의 관계를 악화시켰다. 제7함대가 타이완해협에 진주한 이후에 미국은 타이완에 중형 무기를 제공하기 시작하였다. 1951년 8월, 미국 극동 공군 사령부 소속 제13항공대가 타이완에 진주하고, 타이완전진지휘소를 설립하였다. 다음 해 5월에 미국은 또 타이완에 군사고문단을 설립하였다. 1953년 4월, 미국은 주타이완대사를 다시 보내고 1954년 12월에 양측은 공동방어조약을 체결하였다. 이로써 미국과 타이완의 관계는 더욱더 가까워졌다.

한국전쟁 휴전 이후에 국제적으로 관계 완화의 추세가 나타났다. 주은래는 적절한 시기를 잡아 미국과의 긴장된 국면을 풀기 위한 방법을 모색하였다. 그는 한편으로는 미국의 침략과 정책간섭에 반대하면서, 한편으로는 미국과 함께 담판을 하고 양국의 모순을 점차 풀어나갈 것을 주장하였다. 그의 성공적이고 독창적인 견해와 끊임없는 노력으로 중국과 미국의 관계는 우여곡절과 방해를 넘어 천천히 접촉과 대화를 통해 거시적으로는 화해하는 방향으로 나아갔다.

1954년 주은래는 중국 대표단을 이끌고 제네바회의에 참석하는 기간에 중국인민의 평화 우호적인 선의를 적극적으로 나타내기 위해 미국대표와 악수를 하고자 했다. 그러나 미국 대표단 단장과 미국 부국무장관 월터 스미스(Walter Bedell Smith)는 이를 거절하였다.[106] 그러나 주은래는 긴장된 국면을 완화하기 위한 노력을 포기하지 않았다. 그는 미국이 영국을 통하여 중국에 수감된 자국민에 대하여 협상하려는 것을 알고 바로 이 기회를 잡았다. 영국 대표를 통하여 중미 대표는 양국 교민 문제에 대하여 초보적인 회담을 가졌다. 주은래는 한반도 문제의 평화적인 해결과 인도차이나반도의 평화 회복을 강구하는 제네바 회의에서 은밀히 중국과 미국이 서로 접촉하는 길을 만들었다. 제네바 회의를 열기 전 중미 양국은 긴장된 적대적인 관계였으나 회의 기간에 네 차례 회담을 통해 이후 중미 대사급 회담의 서막이 되었다.

1955년, 주은래는 중미 관계의 화해를 위한 노력에 한 걸음 더 나아갔다. 같은 해 4월에 아시아 아프리카 회의가 열리는 동안 '중국인민과 미국인민은 우호적이다. 중국인민은 미국과 싸우려 하지 않는다. 중국정부는 미국정부와 앉아서 담판하기를 원하고, 극동의 긴장된 국면을 완화하는 문제를 논의하고자 하며, 특히 타이완 지역의 긴장된 정세 문제에 대하여 논의하고자 한다.'고 선언하였다.[107] 중국정부가 평화를 유지하고자 하는 진심이 여러 나라에 보편적으로 인정을 받게 되자, 미국

106 http://www.qianlong.com/2004-02-05 참조. 외교부 당안관 감정개방처(外交部檔案館鑒定開放處) 짱쑤린(張素林) 처장은 새롭게 열람 가능해진 서류에서 역사의 실상이 드러난다고 밝혔다. 《周恩来外交文选》, 中央文献出版社1990年版, 第134页。

107 《周恩来外交文选》, 中央文献出版社1990年版, 第134页。

또한 중국과 쌍방 담판을 진행하는 가능성을 배제하지 않았다. 같은 해 7월 13일에 미국은 영국, 인도의 주선하에 중국과 미국 양측에서 각각 대사급 대표 한 명씩을 파견하여 제네바에서 회담을 진행하기로 하였다.

1955년 8월 1일, 제네바에서 중미 대사급 회담이 정식으로 이루어졌다. 이후에 회담 장소를 바르샤바로 옮겨서 중미 대사급 바르샤바 회담이 시작되었다. 양측은 타이완문제, 채무반환문제, 자산회수 문제, 감금 인원 석방 문제, 기자들 간의 방문 문제, 무역 전망에 대하여 반복적인 토론과 논쟁을 거듭 진행하였다. 양국 간의 요구사항에 차이가 너무 크자, 회의 시간이 자연되고 여러 차례 대치국면이 이어지거나 중단되는 상황이 나타났다. 당시 회담은 전체적으로 15년간 지속되었고, 모두 136차례 열려 '장시간 지속되고, 횟수가 많고, 논쟁이 격렬한 근대 국제관계에서 보기 드문 외교 담판'으로 기록되었다.[108]

중미 대사급 회담이 시작된 이후 주은래는 줄곧 이 마라톤식 담판의 중국 측 총지휘자였다. 회담은 획기적인 진전은 없었지만 긴장감이 돌고 취약했던 중미관계를 자세하게 파악하고, 충돌을 완화시키는 작용을 하였다. 예를 들어 1962년에 국민당이 중국 대륙을 역습하려 하였을 때 왕빙난(王炳南) 전 주 폴란드 대사는 대사급 회담에서 미국정부

---

108 중미대사급 회담에서 중국 측 대표는 주 폴란드 대사 왕빙난(王炳南)이었다(그 후 연임한 주 폴란드 대사 왕궈췐(王国权)이 맡았다). 미국 측 대표는 주체코슬로바키아 대사 존슨(Johnson)이었다. 회담에는 두 가지 의제가 있었는데, 하나는 양측 국민들이 귀국하는 문제였고, 다른 하나는 양측 간에 의견 차를 가진 기타 국제 문제였다. 1955년 8월 1일부터 중미 대사급 회담은 지속되었고, 1970년 2월 20일까지 총 136차례 회담이 이루어졌다. 자세한 내용 참조, 王炳南 : 《中美会谈九年回顾》, 世界知识出版社 1985年版。

의 내막을 파악하여 중국대륙의 정책 결정에 커다란 역할을 하였다. 중미 대사급 회담은 실제적으로 양국이 당시의 역사적 상황에서 적대적이면서도 또 접촉을 원하는 특수한 관계를 잘 반영하였다고 볼 수 있다. 주은래는 이후에 여러 차례 중미 회담에서 실질적인 성과를 비록 얻지는 못하였다. 그러나 첸쉐썬(錢學森)의 귀국을 얻어냈다는 사실만 놓고 보아도 회담은 매우 가치가 있었다고 평가 받을 만했다. 게다가 중미 대사급 회담은 중국이 미국의 동향을 관찰하고 이해하는 데에 일정한 역할을 하였다.

1955년에 미국이 베트남전쟁을 치르면서 노골적으로 중국을 중요한 적으로 삼는다고 발표하였다. 이러한 상황과 관련하여 그해 4월 주은래는 파키스탄 대통령을 통해 존슨(Lyndon Baines Johnson) 대통령에게 중국의 대미 정책을 전달하도록 하였다. 이는 첫째, '중국은 적극적으로 미국에 대한 전쟁을 일으키지 않을 것이다.' 중국은 여전히 협상을 통하여 타이완문제를 해결하고 한다. 둘째, '중국은 약속을 지킨다.' 아시아, 아프리카 혹은 세계에서 미국의 침략을 받은 모든 나라를 지지한다. 셋째, '중국은 준비가 되어있다', 미국에서 일으키는 전쟁, 핵무기를 포함한 전쟁에 대한 준비가 되어있다. 넷째, '전쟁이 시작되면 끝이 없다.'[109] 1966년 4월 10일 주은래는 파키스탄 일간지 돈(DAWN)의 기자 후세인 (Hussein)과의 담화에서 이 정책을 재고찰하며, 이 중 몇몇 정책은 떼어낼 수 없는 완전한 형태라고 하였다.

1955년부터 1970년까지 열린 중미 대사급 회담은 중국과 미국 정부가 서로를 적대시하던 상황에서 소통하고 대화하는 비밀 통로를 마련

109 《周恩来外交文选》, 中央文献出版社, 1990年版, 第460页。

하였다. 양측은 대치된 국면을 완화시키는 여러 가지 가능성에 대하여 검토하고 관련된 일련의 문제에 대하여 의견을 교환하며, 사적으로 만나는 기회를 만들었다. 이는 주은래가 특정적인 조건 아래 만들어낸 중국 특유의 외교방식으로 국제외교사적으로도 특별한 의미가 있다. 이 회담에서 획기적인 발전은 없었지만, 긴장감이 돌고 취약했던 중미관계를 자세히 파악하고 충돌을 완화시키는 작용을 하였다. 또한 실제적으로 양국이 놓인 당시의 역사적 상황을 고려할 때, 적대적이나 접촉을 원하는 관계를 잘 반영하였다고 볼 수 있다. 이는 이후 양국 관계가 개선되는데 있어서 없어서는 안 되는 바탕이 되었다.

3. 타이완 해협 위기 속 미국과의 적절한 관계 모색

한국전쟁 이후에 여러 차례 타이완 해협 위기가 발생하였다. 매번 위기가 닥칠 때마다 주은래는 중국정부를 대표하여 미국에 엄정하게 항의를 제기하였다. 또한 위기가 완화되면 다시 협상을 진행하도록 제의하였다. 원칙을 지키지만 원활함을 잃지 않는 외교방식으로 적절하게 중국과 미국 사이의 긴장된 관계를 풀어나갔다. 그의 시국을 살피는 눈과 적절한 처리 덕분에 타이완 해협 위기를 극복하고 중미 양국 관계의 악화를 막았을 뿐만 아니라 나아가 양국 교류와 이해를 촉진하였다.

한국전쟁이 끝난 이후에 중국공산당 지도자는 타이완 문제 해결을 우선순위에 두었다. 1954년 3월부터 중국인민해방군은 저장(浙江) 지역 군사 행동을 강화하고 둥지열도(東磯列島) 등 섬들을 차례로 공략하여 저장 연해 지역의 제해권과 제공권을 장악하였다. 7월 23일 『런민일보(人民日報)』에는「타이완을 반드시 해방시켜야 한다(一定要解放台灣)」라는 글이 발표되었다. 그해 8월에 들어서서 중국공산당은 화동(华东) 군사지역에 다천섬(大陳島)을 공격할 준비를 하라고 명령하고 동시에 진먼(金門)에 대하여 대규모 폭격을 실행하여 타이완 해방의 결심과 역량을 보여주자고 하였다. 9월 1일에 주은래는 관련 부서 회의를 열고『중공중앙의 타이완해방에 관한 선전방침지시(中共中央關於解放台灣宣傳方針的指示)』를 수정하였다. 이는 국내와 대외에 각기 다른 방침을 제기하는 것이었다. 국내에는 타이완 해방은 자국의 내정이므로 군사 전쟁의 방법을 취할 것이라고 하고, 대외적으로는 '미국이 아직 전쟁에 참여하지 않을 때 외교투쟁의 방법을 취할 것이다'라고 하였다.[110] 9월 3일 중국인민해방군은 진먼을 포격하고 국민당 부대가 반격하면서 제1차 타이완 해협위기가 발발하였다.

이와 동시에 주은래는 미국에 대한 외교공세를 강화하였다. 1954년 8월 15일, 주은래는 영국 노동당대표단을 회견하면서 '만약 미국이 타이완을 지지하지 않았다면 타이완은 벌써 해방했을 것이다'라고 하였다.[111] 같은 해 10월 그는 인도 네루(Jawaharlal Nehru) 총리를 접견하면서 '만약 미군이 타이완에서 철수하면 문제의 난점은 해결될 것이다. 만약 미국의 침략전쟁을 멈추는데 반대한다면, 현재 상황을 인정하는 것과 같다. 그리고 미국의 타이완 점거를 합법화하는 것이다'라고 발표

110 《周恩来年谱　一九四九－一九七六》上卷，中央文献出版社1997年版，第412页。

111 《周恩来年谱　一九四九－一九七六》上卷，中央文献出版社1997年版，第408页。

하였다.[112] 미국과 타이완이 공동방어조약(共同防禦條約)을 체결한 6일 뒤 1954년 12월 8일, 주은래는 중국정부를 대표하여 '이것은 철두철미한 침략적인 전쟁조약이다', 또한 이는 '중국인민에 대한 미국의 심각한 전쟁 도발 행위다'라고 발표하였다.[113]

주은래가 입장을 발표한 후 중국공산당 군대는 대규모의 육해공 연합 훈련을 실시하였다. 1955년 1월 18일, 중국 공산당 군대는 이장산(一江山)섬을 공략하였다. 2월 국민당이 다천섬에서 철수를 하여 인민해방군이 저쟝 해역의 섬들은 모두 장악하게 되면서 제2차 타이완 해협 위기가 끝이 났다. 이때에 공산당 지도자들은 국내건설의 필요와 국제적 전략의 전반적인 고려로 적극적으로 타이완 해협 국면을 풀어보고자 하는 태도를 취하였다. 주은래는 중미관계를 개선하고 협상할 것을 제의하였다. 얼마 지나지 않아 그의 노력으로 중국과 미국은 대사급 협상을 진행하게 되었다.

제1차 타이완 해협 위기가 지난 지 4년 만에 중동에서 위기가 발생하자 마오쩌둥은 재차 진먼을 폭격할 것을 결정하였다. 미국을 견제하기 위해 공격을 수단으로 하여 협상을 이끌었다. 또한 미국의 군사 전략을 자세히 파악하여 해협을 장악하려는 시도를 저지하였다. 1958년 8월 23일, 인민해방군이 다시 대규모로 진먼섬을 폭격하여 제2차 타이완 해협 위기가 발생하였다.

이 위기 속에서 주은래는 적극적으로 외교 전선에서 중국의 군사 행

---

112 《周恩来年谱 一九四九－一九七六》上卷，中央文献出版社1997年版，第421页。

113 《周恩来年谱 一九四九－一九七六》上卷，中央文献出版社1997年版，第430页。

동을 옹호하였다. 1958년 9월 6일, 미국 국무장관 존 덜레스(John Foster Dulles)의 발표에 반박하기 위하여 주은래는 중국정부를 대표하여 '자국 영토 타이완과 펑후(澎湖)를 해방시키려는 중국인민의 생각은 결코 흔들리지 않을 것'이라고 엄중히 발표하였다. 또한 중국정부는 연해의 섬들을 점거하고 있는 장제스 부대를 공격하거나 필요한 군사행동을 실시할 권리가 있다고 분명하게 밝혔으며, 그 어떠한 외래의 간섭도 모두 중국 주권을 침범하는 행위라고 강력하게 표명하였다.[114] 9월 22일, 주은래는 마오쩌둥에게 편지를 보내어 '현재의 상황에서 진먼에 대한 작전 방침으로 전과 동일하게 공격은 하되 상륙은 하지 않고, 연락은 끊되 죽이지는 않으며, 적들로 하여금 밤낮으로 놀라게 하여 불안감을 주는 방법으로 한다'고 제안하였다.[115] 마오쩌둥은 미국이 장제스에게 진먼을 포기하도록 압박하지만 장제스가 듣지 않을 상황을 고려하여 진먼 문제를 잠시 보류하기로 결정하였다. 이와 동시에, 주은래는 여러 장소에서 미국이 평화 회담을 원한다면 중국 정부도 곧 양국 대사급 회담에 복귀할 것이라고 표명하였다. 미국 정부는 주은래의 제안에 대하여 빠르게 반응하며 제2차 타이완 해협 위기 중에 중미 대사급 회담이 재개되었다. 미국 정부는 평화적으로 중미 모순을 해결할 것이며 동시에 미국타이완연합성명(美台聯合公報)을 발표하고 타이완과의 관계를 조정하였다. 제2차 타이완 해협 위기는 마오쩌둥의 전략적인 군사 공격과 주은래의 성공적인 외교력이 조화되어 점차 봉합되었다.

---

114 《周恩来年谱 一九四九－一九七六》中卷，中央文献出版社1997年版，第166页。

115 《周恩来年谱 一九四九－一九七六》中卷，中央文献出版社1997年版，第173页。

제2차 타이완 해협 위기가 지나간 후에도 주은래는 중미 관계를 개선하기 위하여 지속적인 노력을 하였다. 1960년 5월 26일, 주은래는 중국을 방문한 버나드 몽고메리(Bernard Law Montgomery) 영국 총리에게 '중미 관계를 개선하는 데 있어서 먼저 해결해야 하는 문제는 첫째, 미국은 타이완이 중국의 일부라는 것을 인정해야 한다. 둘째, 미국은 타이완과 타이완해협에서 철수해야 한다. 만약 미국이 이 두 가지 원칙을 인정한다면 우리는 미국과 회담을 진행할 것을 원한다.'고 밝혔다. 8월 30일, 주은래는 에드가 스노우(Edgar Snow) 기자를 통해 '중미 회담은 먼저 원칙적인 협의에 도달해야만 구체적인 문제를 해결할 수 있다'고 밝혔다.[116]

1962년 타이완이 적극적으로 전쟁을 준비하고 대륙에 반격을 시도할 때 주은래는 왕빙난을 통해 신속히 중미 대사급 회담을 열어 미국의 태도를 알아보라고 하였다. 미국 정부는 신속하게 '현 상황에서 국민당의 대륙 반격을 도울 계획이 없다. 그러나 만약 중국공산당이 연해 섬들을 공격할 경우에 미군의 개입을 초래하게 될 것이다'라고 전해왔다.[117] 주은래의 지혜로 중미 간 비밀 접촉을 시도하게 되었고, 이를 유지함으로써 양국 정부는 서로의 의도를 잘 파악하여 새로운 위기의 발생을 미연에 방지하였다.

---

116 《周恩来外交活动大事记1949-1975》,世界知识出版社1993年版, 第281-286页。

117 Memorandum From Acting Secretary of State Ball to President Kennedy, June 21, 1962, *FRUS*, 1961-1963, Vol. 22, pp. 258-259; Memorandum of Conversation, June 22, 1962, Ibid., pp. 267-269; Telegram From the Department of State to the Embassy in the United Kingdom, June 22, 1962, Ibid., p. 270.

4. 작은 공이 세상을 움직이다: 핑퐁외교의 걸작

1960년대 말, 국제형세에 많은 변화가 일어났다. 이들 여러 요소들이 중미 양국으로 하여금 대립에서 대화로 나아가게 하였다. 미국은 베트남전쟁의 수렁에 깊이 빠져 모든 것이 뜻대로 되지 않음을 느끼고 과도하게 뻗었던 세력을 좁히고자 준비하고 있었다. 중국은 '문화대혁명' 이후 여러 내우외환(內憂外患) 중 특히 중국과 러시아 관계가 악화되어 심각한 위협을 느끼고 있었다. 주은래와 마오쩌둥은 모두 미국과 러시아 두 초강대국과 대립하는 국면을 조정해야 함을 느꼈다.

닉슨이 백악관의 주인이 된 후 중국에 대한 정책을 조정하는 데에 박차를 가하였다. 1969년 3월부터 8월까지 그는 각각 프랑스 대통령, 파키스탄 대통령과 루마니아 대통령을 통하여 중국에 미국이 양국 간의 관계를 개선하려고 한다는 바람을 전달하였다. 동시에 미국은 두 나라 사이를 오가는 사람들과 무역에 대한 규제를 완화하였으며, 기자와 국회의원 등 여섯 직업군의 중국 방문을 허가하였다.

주은래는 닉슨이 보내온 대중국 정책을 조정한다는 정보에 신속하게 반응하여 세계 외교사에서 걸작으로 평가 받는 핑퐁외교를 만들어냈다. 1969년 11월 16일, 주은래는는 마오쩌둥에게 편지를 보내며 '닉슨, 키신저의 동향을 예의주시할 만하다'고 하였다.[118] 12월 초에 주폴란드 미국 대사는 주 폴란드 중국대사를 만날 것을 요청하여 닉슨 대통령의 중미 관계를 개선하고자 하는 생각을 전달하였다. 1월 20일, 제135차 중미 대사급 회담이 바르샤바에서 진행되었다. 양측은 모두 관

118 《周恩来年谱 一九四九－一九七六》下卷，中央文献出版社1997年版，第334页。

계개선에 대한 소망과 더욱 높은 급의 회담이 필요하다는 생각을 드러냈다. 이에 주은래는 중국공산당 중앙 정치국에 '만약 미국 정부가 부장급 대표 혹은 미국 대통령의 특사를 베이징에 파견하여 중미 관계 중의 근본원칙 문제에 대하여 심층토론을 원한다면 중국 정부 또한 접견을 원한다'고 제의하였다. 이 제의에 마오쩌둥도 승낙하였다.[119]

이후에 마오쩌둥은 캄보디아의 시아누크(Sihanouk)를 지지하기 위하여 '5월 20일 마오쩌둥성명'을 통해 '전 세계 인민들은 단결하여 미국 침략자 및 모든 앞잡이들을 물리쳐야 한다.'라고 발표하였다. 그러나 중미관계는 총체적으로 화해하는 방향으로 발전하고 있었다. 미국은 점차 중국 여행 제한을 완화하고, 무역 제한을 완화하였으며, 중국의 UN가입 반대를 취소하였다. 1970년 10월, 닉슨은 공개적인 장소에서 처음으로 '중화인민공화국'이라는 명칭을 사용하였다. 동시에 중국은 미국의 유명한 기자 에드가 스노우을 중국으로 초청하고 『인민일보』 제1면에 마오쩌둥과 스노우가 천안문에서 함께 찍은 사진을 실었다.

주은래는 양국 관계의 조속한 해빙을 위해 일본에서 열린 제31차 세계 탁구 선수권대회에서 새로운 시도를 하였다. 그는 마오쩌둥을 설득하여 중국 탁구팀이 시합에 참여하여 중국팀 대표단 구성원이 미국 측과 접촉하고, 미국 탁구팀을 중국에 초청하도록 하였다. 그는 직접 미국 탁구팀 대표단의 방중 일정을 짰는데, 미국 대표단의 중국활동 언론 브리핑, 투숙할 호텔, 식사 방식 등에 관여하여 여행, 시합, 구경 등 모든 일정을 결정하였다.

---

119 《周恩来年谱 一九四九－一九七六》下卷, 中央文献出版社1997年版, 第348页。

1977년 4월 14일, 주은래는 초청에 응한 미국, 캐나다, 콜롬비아, 잉글랜드, 나이지리아 탁구대표단을 접견하였다. 그는 미국 대표단 구성원들과 이야기를 할 때 '친구가 멀리서 오니 기쁘지 아니한가?(有朋自遠方來, 不亦樂乎?)'라는 공자의 말을 인용하기도 하였다. 그는 '중국과 미국 양국 인민들은 과거에 교류가 빈번하였으나 이후 오랫동안 중단되었다. 여러분들이 이번 초청에 응하여 방문한 것은 양국 인민들의 우호적인 왕래의 창을 열었다고 할 수 있다. 우리는 양국 인민들의 우호적인 교류가 많은 사람들의 찬성과 지지를 얻을 것이라고 믿는다'고 분명하게 말하였다. 그는 미국 팀원 글렌 코완의 질의에 응답하기도 하고, 미국대표단이 돌아간 이후에도 미국 국민들에게 중국인민들의 안부 인사를 전하기도 하였다.[120]

주은래가 시작한 핑퐁외교는 작은 공이 지구를 움직이게 하는 뛰어난 효과를 거두었다. 미국 정부는 신속하게 중국에 대한 새로운 정책을 취하였다. 첫째, 미국 국무원은 중국여행 제한을 완화하고, 중국에서 미국으로 오는 개인, 단체 비자를 신속하게 발급할 것을 선포한다. 둘째, 미국은 중국 무역에 대한 제한을 한층 더 완화하고, 중국에서 달러 사용을 허가한다. 셋째, 중국으로 오가는 선박과 비행기의 연료공급 제한을 취소한다. 넷째, 외국 국기를 건 미국 선박이 중국 항구에 정박하는 것을 허가한다.

얼마 지나지 않아 중국 탁구 대표팀도 미국에 우호 방문하였다. 4월 21일 주은래는 파키스탄을 통하여 미국에 '중미 관계를 근본적으로 회

120 《周恩来年谱 一九四九－一九七六》下卷，中央文献出版社1997年版，第451页。

복하려면 미국이 반드시 타이완과 타이완해협에서 모든 군사력을 철수해야 한다. 이러한 중요한 문제를 해결하려면 오직 고위층 지도자들의 직접적인 논의를 통해서만 방법을 찾을 수 있을 것이다. 따라서 중국 정부는 미국 대통령 특사, 예를 들어 키신저 박사나 혹은 미국 국무장관, 미국 대통령이 베이징에 직접 와서 협의를 할 것을 거듭 표명한다.' 라고 전달하였다.[121] 4월 24일에 파키스탄 대통령이 이를 닉슨에게 전달한 한 후에 닉슨은 중국의 초청을 받아들였다. 중미관계는 호전되기 시작하였다.

핑퐁외교의 추진으로 중미 우호 관계의 문은 점차 열리기 시작하였다. 핑퐁외교는 주은래의 외교술과 지혜를 충분히 보여주었고, 중미 관계에서 맡은 중요한 역할은 전 세계에 알려졌다. 이는 키신저가 말한 '이 모든 일은 주은래의 대표작이다.'라는 평가와 같다. 또한 여기의 함의는 미국을 향해 '앞으로 초청받게 될 외교관들이 발 내릴 곳은 우호적인 국가의 영토라는 것을 확신한다.'라는 매우 무게감 있는 외교 정보를 담고 있다.[122]

5. 중미외교의 역사적 진전에 전력을 다하다

1970년대 중미 양국의 최고 지도자들은 중미 우호관계의 문을 여는

---

121 《周恩来年谱 一九四九－一九七六》下卷，中央文献出版社1997年版，第452页。

122 基辛格:《白宫岁月》第2卷，世界知识出版社1980年版，第367页。

전략을 세웠다. 주은래는 고령의 허약한 신체조건이었으나 여러 부담과 방해를 이겨내며, 혼신을 다해 최고위급 회담을 실현시켰다. 그는 중미 관계에서 역사적인 진전이 있도록 하는 과정에서 중요한 역할을 하였고, 이는 중국과 외국의 각계 인사들에게 인정을 받게 되었다.

1971년 5월 26일, 주은래는 마오쩌둥의 의견에 따라 중국공산당 중앙정치국 회의를 주관하고 중미관계 문제에 대하여 의견을 교환하였다. 회의가 끝난 후에 그는『중미 회담에 대한 중앙정치국의 보고(中央政治局關於中美會談的報告)』초안을 작성하고, 중미 회담의 8개 방침을 제시하였다.[123] 이후에 키신저의 비밀 방문을 준비하기 위하여 주은래는 여러 차례 외교부 등 유관부문 책임자들과 회의하고, 회담 방안에 대하여 논의를 통해 미국의 상황을 분석하고 의전, 민간 항공, 안전과 비밀유지 등 문제에 관하여 배치를 하였다. 7월 9일, 키신저가 베이징에 도착한 후 주은래, 예젠잉(葉劍英) 등은 그와 순차적으로 여섯 차례 회담을 가졌고, 타이완 문제 및 닉슨 대통령의 방중 시점 등에 대하여 중점적으로 논의를 하였다.

1971년 10월 하순, 키신저는 두 번째로 중국을 방문하여 닉슨의 중국방문을 위한 일련의 준비 작업을 진행하였고, 주은래는 키신저 일행과 여러 차례 회담을 가졌다. 양측은 닉슨의 방중 일정, 회담 방식, 통신 연락 등 문제 외에도 타이완, 인도차이나 반도, 한반도, 일본, 인도 대륙 등 중요한 문제에 대하여 의견을 교환하였다. 반복적인 협상을 통하여 키신저는 중국 측의 공동 성명에 대한 기본원칙을 받아들이고, 미

123 《周恩来年谱 一九四九－一九七六》下卷，中央文献出版社1997年版，第458页。

국이 방안을 수정하고 의견을 보충할 것을 제의하였다.[124] 1972년 1월 초, 주은래는 알렉산더 헤이그(Alexander Meigs Haig) 대통령 보좌관 겸 미국 국가안전보장회의 부사무국장 일행을 접견하고, 닉슨의 중국 방문을 위하여 세심하게 기술적인 준비를 거듭하였다.

1972년 2월 21일 정오는 중미 양국 교류사에서 중요한 시점이었다. 주은래가 이를 위하여 기울인 고생스러운 노력이 드디어 전 세계 사람들의 주목을 끌었다. 미국 대통령이 처음으로 베이징에 도착하자 주은래가 공항에 직접 마중을 나갔다. 그날 오후 중미 양국 최고 지도자들을 동반하여 역사적인 회담을 진행하였다. 또한 그날 저녁에는 주은래가 연회 축사를 통해 '닉슨 대통령이 초청에 응하여 중국을 방문한 것은 중미 양국 인민들의 바람에 부합하는 적극적은 행동이고, 이는 또한 중미 양국 관계사에서 전례 없는 행동이다', '우리는 양측이 솔직하게 의견을 교환하고, 서로간의 불일치를 제대로 인식하고, 함께 노력하여 공통점을 찾는다면 양국 관계가 새로운 시작을 가질 수 있게 될 것이다'라고 명확하게 말하였다.[125]

주은래는 닉슨의 방중 기간에 네 차례 제한적인 회담을 진행하였는데 국제 형세, 양국 관계와 타이완 문제에 대하여 솔직하고 깊이 있게 의견을 교환하였다. 특히 가장 큰 견해 차이를 보이는 타이완 문제에 대하여 협상을 거듭하였다. 1972년 2월 27일, 주은래 일행의 끊임없는 노력으로 양국은 『공동성명』에 합의를 보았다.

---

124 《周恩来年谱 一九四九－一九七六》下卷, 中央文献出版社1997年版, 第490页。

125 《周恩来选集》下卷, 人民出版社1984年版, 第475－476页。

1972년 2월 28일, 중미 양국 정부는 상하이에서 첫 번째 『공동성명』을 발표하였다. 공동성명에서는 양국 사회제도와 대외 정책에는 본질적인 차이가 있다는 것을 인정한다. 양국은 평화공존 5대 원칙으로 국가 간 관계를 처리할 것을 강조하고, 국제 분쟁은 이러한 원칙으로 해결해야 하고, 무력과 무력 위협을 행사하지 않으며, 양국의 상호 관계 중 이러한 원칙을 실행하기 위해 준비한다. 양국은 양국 관계가 정상화로 가는 것은 모든 국가의 이익에 부합하는 것이라고 정중히 성명한다. 양국의 국제 문제에 대한 다른 관점은 주은래의 제의하에 각자 입장을 드러내는 방법을 취하였다. 이 공동성명은 주은래와 키신저 등의 인물들이 심혈을 기울인 결과였다. 이는 외교적인 수사로 양측 관계를 감추지 않고, 양국에 존재하는 불일치를 그대로 보여주었다. 동시에 공통점 및 중대한 문제에 있어서 원칙적인 협의를 이루었다는 것을 보여주고 있다. 이는 세계 외교사에서 최초의 시도라고 할 수 있는데, 세계적으로 새로운 풍격을 만들어냈다고 할 수 있다.

중미 공동성명의 체결과 발표는 양국 관계가 획기적인 진전을 이루어냈음을 보여주며, 장기간 대치하던 상황이 끝나고 관계가 정상화에 들어섰음을 보여주고 있다. 이는 당대 국제관계사 중에서 중대한 사건이었고, 국제 형세에 큰 영향을 미쳤다. 공동성명 발표 이후에 중국과 정식으로 외교관계를 수립하는 추세가 일어났다. 주은래가 서거하기 전까지 중국과 국교를 수립한 나라는 49개에서 107개로 늘어났다. 중국은 UN에서의 합법적인 지위를 되찾았고, 중국, 미국, 러시아 관계 속에서도 새롭게 중요한 위치에 서게 되었다.

중미 관계의 우호적인 출발 후에도 주은래와 키신저는 수 차례 회담을 진행하였고, 양측은 모두 공동성명의 각 원칙에 따라 양국 관계를 정상화하는 데 힘을 다할 것이라고 하였다. 1974년 12월 12일, 와병 중인 주은래는 생애 마지막으로 미국 손님, 민주당 상원의원 마이크 맨스필드(Mike Mansfield)와 부인을 접견하였다. 여기서 닉슨과 키신저에 대한 생각을 나누고, 중미 관계를 발전시킨 노력에 대하여 긍정적으로 평가하였다.[126] 키신저 또한 주은래가 양국 관계의 정상화에 끼친 영향을 높게 평가하며, '중국과 미국은 70년대 초 화해의 길을 모색하였다. 이는 세계적인 상황이 결정한 것이다. 그러나 이렇게 빨리 오고 순조롭게 발전된 것은 주은래 총리의 빛나는 품격과 탁월한 통찰력이 큰 역할을 한 것이다'라고 하였다.[127]

6. 중미관계에서 주은래의 역할

중국과 미국은 양대 강국으로, 양국 관계가 좋고 나쁨에 따라 아시아와 세계 형세에 중대한 영향을 미친다. 주은래 등의 여러 인물들이 끊임없이 노력을 기울인 결과 중국과 미국은 대립에서 대화로 이르렀고, 대치에서 화해로 이르러, 이는 양국의 평화적인 발전에 도움이 될 뿐만 아니라 극동지역, 아시아 태평양지역 나아가 전 세계의 평화 안정에도 도움이 되는 것이다.

주은래는 양국 관계 개선과 인민의 우정을 위하여 큰 공헌을 하였

126 《周恩来年谱 一九四九－一九七六》下卷，中央文献出版社1997年版，第685页。

127 基辛格:《白宫岁月》第3卷，世界知识出版社1980年版，第19页。

다. 신중국과 미국이 교류를 하는 데 있어서 매 단계마다 그는 정확히 상황을 파악하였다. 또한 국제 전략, 세계 평화와 양국 이익 측면에서 늘 양측에서 받아들일 수 있는 조건들을 고려하여 중국의 이익에 부합하면서 상대의 권익을 손상시키지 않는 실행 가능한 외교목표를 정하였다. 매번 그는 뛰어난 외교수단과 융통성 있는 외교술, 개인의 인품으로 중국의 외교 목표를 달성하기 위해 노력하였다. 1950년대 중반, 그는 미국과 접촉을 유지하는 노선을 지키고, 국제적으로 평화공존 5대원칙을 제창하여 결과적으로 양국의 대사급 회담을 이끌어내는 데 성공하였다. 60년대 말과 70년대 초에 그는 중미우호의 문호를 새롭게 열기 위하여 갖은 노력으로 전 세계를 놀라게 하는 성과를 얻었다. 중미 양국의 완화가 세계 평화와 발전에 중요한 영향을 주었다는 것 또한 모두가 인정하는 사실이다.

주은래는 중미 관계사에서 중요한 역할을 한 걸출한 인물 중 한 사람이라는 데는 의심의 여지가 없다. 그의 외교사상과 실천이 반세기 이상 중미 관계의 변천에 끼친 영향을 다음과 같이 네 가지 측면으로 정리할 수 있다.

첫째, 주은래의 미국에 대한 인식, 견해, 중미관계에 대한 생각과 판단은 마오쩌둥과 기타 공산당 지도자들에게 영향을 주었고, 중국 외교 방침과 정책 제정, 수정과 조정에 영향을 미쳤다.

마오쩌둥이 중국 국정 방침을 최종적으로 결정하는 핵심 인물임에는 의심할 나위가 없지만, 주은래는 중국 정부 내에서 구체적인 외교사무를 책임지는 최고 지도자였다고 할 수 있다. 그는 일찍이 유학 경험이 있어 사교에 능숙한 장점을 갖고 있으며, 장기간 외교 방면에 종사한 경험은 마오쩌둥이 따라올 수 없는 것이다. 더욱 중요한 것은 주은래가 넓은 견문과 빠른 두뇌회전, 국제문제에 대한 사고와 판단에서 전략적인 안목을 가졌다는 것이다. 따라서 그가 제안한 신중국 외교 전략 방침은 다방면의 정보를 수집한 결과이고, 많은 조사, 분석과 판단을 거친 후에 나온 것이었다. 그러나 마오쩌둥과 기타 지도자들은 이 부분에 있어서 분담이나 책임지지 않았고, 이 일련의 필요한 사전 작업을 할 틈도 없었다. 따라서 주은래의 건의는 마오쩌둥과 중국공산당 중앙정치국이 중대한 외교 전략을 결정하는 데 있어서 과소평가 할 수 없는 영향력을 갖고 있었다고 할 수 있다.

주은래가 중국 외교를 주관하던 때에 중국과 미국은 심각한 대치상황에서 화해 협력의 방향으로 나아갔다. 그가 지속적으로 내세운 원칙과 목표는 시종일관 중국 영토 주권의 온전함을 옹호하고, 조국의 통일을 추진하며, 중미 관계 정상화와 아시아와 세계 평화를 수호하는 것이었다. 미국에 대한 외교 책략을 결정하는 과정에서 중국 내에 반대 의견이 있었지만 마오쩌둥과 주은래는 중미관계를 완화의 추진력을 쥔 주체였고, 결정적인 주체였다. 주은래는 늘 자신의 생각을 완곡한 표현방법으로 침착하게 마오쩌둥의 전략 결정에 영향을 줄 수 있었다. 중미간의 대치 상황을 극적으로 전환한 핑퐁외교에서도 주은래는 우선 양국의 화해 전략에서 출발하여 일본 세계 선수권 대회에 탁구팀을 보낸 것이다. 이러한 대사를 처리하기 전 그는 모든 일을 마오쩌둥의 의견을 구하여 유연한 태도로 최종 결정권을 마오쩌둥에게 넘겼다.

두 번째, 중국과 미국의 구체적인 협상과 회담에서 중국이 여러 외교 방침을 관철하고 실행하는 데 주은래의 역할이 더욱 돋보였다. 마오쩌둥은 전략 기획에 중심을 두고, 주은래는 구체적인 지휘와 실제 작업에 중심을 두었는데, 대부분은 두 사람의 호흡이 잘 맞아서 서로 협력하고 보완하였다.

중국 공산당 최초의 외교 관련 지도자이자 중화인민공화국 초대 외교부장으로서 주은래는 중국 현대 외교의 창시자이자 주요 책임자라고 할 수 있다. 그는 중대한 외교사건에 모두 참여하였는데, 중화인민공화국 건국 후부터 1975년 그가 제일 마지막으로 외빈을 접견할 때까지 그의 외교활동은 약 6,000여 차례에 달하고 직접 초안을 작성하고 지시를 내린 외교문서는 5,000여 건에 달하였다.[128] 오랜 시간 동안 중국 외교 분야를 담당한 과정을 살펴보면, 그는 원칙과 융통성을 결합한 외교 풍격과 특색을 드러내고 있음을 알 수 있다. 그는 각국이 타이완문제에 대해 다른 태도를 갖고 있는 것에 근거하여 '완전한 국교 수립', '반수교', '수교 잠정 보류', '무역관계만 맺음' 등 여러 가지 수교 방식을 채택하였다. 중국과 미국 회담 중 타이완문제는 시종일관 협상과 논쟁을 거듭해야 하는 주요한 문제였다. 미국은 당시에 하나의 중국을 인정하지만, 타이완과 수교를 끊고 조약을 폐기하는 것을 원하지 않았다. 이는 중국이 내세운 원칙과 거리가 멀었으나, 주은래는 유연한 사고로 상호 사무소를 설치할 것을 제안하고, 점차 상대방의 요구를 받아들였다.

대미외교 중 마오쩌둥은 전략적으로 미국의 관계에 대한 국정방침을 장악하고 있었고, 주은래는 마오쩌둥과 함께 전략적 사고를 하는 것 외에 대미외교 전략 배치와 여러 구체적인 사무를 구성하고 구체화하는 것에 책임을 졌다. 핑퐁외교와 중국과 미국의 화해는 모두 주은래

128 李肇星：《学习周恩来外交思想为外交事业多做工作》, 载《老外交官回忆周恩来》,世界知识出版社1998年版, 第5页。

외교의 걸작이라고 할 수 있다. 비록 마오쩌둥 시대에 중국 외교의 국정 방침은 최종적으로 그가 결정하였지만 사실상 중국 외교에 대한 영향력은 주은래가 더 컸다고 할 수 있다. 그의 훌륭한 이미지와 사람을 끄는 외교 풍격은 오늘날까지도 중국과 외국 각계 인사들에게 찬탄을 받고 있다.

셋째, 주은래의 국제 형세에 대한 분석, 판단, 외교술과 풍격 및 매력적인 인품은 그와 알고 지내는 미국인과 여러 외국인들에게 영향을 주었다. 그는 태도가 온화하고 행동이 우아하며, 예의가 바르고, 외교 중에 거만하지도 비굴하지도 않으며, 신분에 걸맞게 행동을 하여 그와 만났던 대다수 외국인들은 모두 그에게 좋은 인상을 갖고 있었다. 개인의 인품과 우정은 국가 간의 교류와 정해진 외교 목표를 실현하는데 있어서 좋은 영향을 미친다고 할 수 있다. 키신저는 주은래가 중국과 미국의 적대시하던 분위기를 바꾸는 데 결정적인 작용을 하였다고 보았다. 주은래는 그와 교제한 모든 미국인들에게 깊은 인상을 남겨주었다. 중국과 미국이 국교 수립을 몇 년 후 어떤 기자가 키신저에게 주은래의 인상을 물어보자 '주은래는 지혜가 뛰어나고 학식이 깊고 품위가 고상한 사람이다. 어느 나라를 놓고 봐도 그는 뛰어난 정치가라고 할 수 있다. 그는 내가 본 외국인 지도자 중 백 명 중 첫손에 꼽을 수 있는 인물이다. 그와 샤를 드 골(Charles De Gaulle)은 세계에서 가장 훌륭한 정치가라고 말할 수 있다'라고 대답하였다.[129]

넷째, 주은래는 중미관계에 심원하고 폭넓은 영향을 미쳤다. 폭이

129 《周恩来是最优秀政治家——访美国前国务卿基辛格博士》, 载《人民日报》1998年3月3日。

넓다는 것은 그의 노력하에 중국과 미국은 외교적으로 대립에서 대화로 나아갔을 뿐만 아니라 점차 과학기술, 문화, 교육, 스포츠, 위생, 경제, 무역 등 영역에서도 교류와 협력을 시작하였다는 것을 말하였다. 주은래와 마오쩌둥이 당시에 제정한 미국에 대한 정책들은 현재에 이르러서도 양국의 관계 발전에 있어서 중요한 역할을 발휘할 정도로 영향력이 있다.

1972년 2월, 중국과 미국이 공동성명을 발표한 이후 가장 먼저 진전된 영역은 중미 과학기술의 교류와 협력이었다. 당시 미국 언론계에서 '두 번째의 핑퐁외교가 시작되었다.'고 말하였다. 주은래는 직접 미국 예일대학 식물생리학자인 아서 갤스톤(Arthur Galston)과 MIT공대의 생물학자 이든 시그너(Ethan Signer) 교수를 1971년 4월 23일부터 5월 10일까지 방중토록 허가하고, 5월 19일에는 두 교수를 직접 만나기도 하였다. 얼마 지나지 않아 미국 과학자 연합회 대표단의 방중도 허가하였다. 이 후 양측의 교류는 점점 많아지고, 그 범위도 점점 넓어졌다. 오늘에 이르기까지 양국은 여전히 주은래의 외교성과를 누리고 있다.

주은래가 중미관계 개선에 헌신한 결과 중미관계는 획기적인 발전을 이루었고, 이후에 양국의 정식 수교 및 도약을 위한 기초를 마련하였다. 세계 최대강국 미국이고, 가장 인구가 많은 나라는 바로 중국이다. 따라서 양국 관계가 어떻게 형성되는지에 따라 국제형세에 대한 영향이 아주 크다. 주은래의 미국에 대한 외교와 반세기가 넘는 동안의 중미관계 발전을 되돌아보면 양국이 서로 단절하고 적대적일 때 양국 인민들은 크나큰 손실을 보았다. 반면 양국이 교류와 협력을 시작한 이후에는 양국 인민들에게 큰 이익을 가져다 주었다. 또한 아시아 태평양 지역 및 세계의 평화와 안정에도 도움이 된다는 것을 알 수 있다.

'파선된 배 옆에 천 개의 돛대 지나고, 늙은 나무 앞에는 만 그루 나무 봄일세(沉舟側畔千帆過, 病樹前頭萬木春).' 주은래, 마오쩌둥, 닉슨, 키신저 등이 중미 우호관계의 문을 연 후 벌써 40여 년이 지났다. 양국 관계는 비록 순탄치 못해 갖은 곡절이 많았다. 그러나 끊임없이 앞을 향하여 발전하고 있고, 정부교류와 인적 교류도 나날이 증가하고 있다. 중미 간 교류를 부단히 강화하고, 폭넓은 협력으로 양국 국민들의 바람에 부합하면서도 세계 평화와 발전의 흐름을 따라야 할 것이다.

제8장

김대중과 한중관계: 과거에서 미래로

서정민 | 연세대학교 정치외교학과 교수

1. 한중관계의 딜레마

최근 한중 FTA가 체결됨에 따라 2015년에는 한중 무역량이 총 3,000억 달러에 달할 것으로 예상된다. 이는 한국에게는 한중 무역이 한미무역, 한일무역을 합친 것을 능가하는 규모이고 중국에게도 한국은 일본을 추월하여 미국 다음 제2의 무역상대국이 된다는 것을 의미한다.[130] 한국의 대중문화는 중국사회에서 그 열기가 식지 않고 있으며 한국사회 역시 중국의 방송, 영화에 대한 친숙함을 더하고 있다. 홍콩과 마카오를 제외하고도 한국인과 중국인이 서로의 국가를 방문한 숫자는 2014년 1,000만 명을 돌파하였다.[131] 한국인이 가장 많이 찾은 국

130 http://www.newsis.com/ar_detail/view.html?ar_id=NISX20141110_0013286220&cID=10101&pID=10100.

131 『국민일보』, 2015년 1월 13일.

가도 중국이고 중국인이 가장 많이 찾은 국가 역시 한국이다. 경제, 사회, 문화적으로 양국은 명실공히 가장 가까운 국가라고 할 수 있다.

그럼에도 불구하고 정치/안보 영역에서 한중관계는 지난 수년간 답보상태를 면치 못하고 있으며 많은 측면에서 장애물들이 해소되기는커녕 더욱 어려움을 더해가고 있다. 외면적으로 볼 때 국교수립 이후 양국관계는 선린우호 협력 관계를 맺고, 1998년 김대중 대통령의 중국방문을 계기로 협력동반자 관계로 발전하였고, 2003년 노무현 대통령의 중국방문 시 전면적 협력동반자 관계로, 2008년 이명박 대통령의 중국방문시 전략적 협력동반자 관계로 발전하였다. 이러한 양국 관계의 명칭상 발전에도 불구하고 2008년이후 한중 간 정치/안보영역에서는 불신과 갈등이 심화되는 현상이 나타나고 있다.

중국의 동북공정으로 시작된 고대 왕조 고구려의 역사적 귀속권에 대한 분쟁은 역사적 논쟁을 넘어서 한국민에게 중국이 한반도 북부에서 급변 상황의 발생 시 중국의 영토적 야욕이 드러날지도 모른다는 불안감을 심어주었다. 한국의 서해 연안에서 불법조업하던 중국 어선의 단속 과정에서 일어난 한국 해양경찰의 사망 그리고 중국 어민의 사망은 한중 간 민간차원에서의 신뢰문제에 심각한 타격을 가하였다. 2010년 천안함 폭침이나 연평도 포격사건에 대한 사실관계에 대한 인식이나 해결 방안에 대한 한국과 중국의 차이 또한 양국 간의 불신을 증대시켰다. 중국 동북지방에 수천 명 이상 존재하는 북한이탈주민들을 정치적 난민으로 볼 것인지 불법적 경제이민으로 볼 것인지에 대해서도 한국과 중국 사이에는 근본적인 시각의 차이가 존재한다. 무엇보다도 북한의 연이은 핵실험에 대해 한국은 중국에게 더욱 적극적인 대북압박을 기대하고 있고 이와 반대로 중국은 한국의 대북한 정책의 봉쇄

(containment) 일변도 정책을 포용(engagement) 정책으로 바꾸어 6자회담의 틀 속에서 해결할 것을 요구하고 있다. 이러한 안보/정치에 관한 일련의 입장과 정책의 차이는 한중 간에 긴장을 지속시키며 더 높은 단계의 협력과 교류, 더 나아가 동북아시아 안보에 대한 공조체제를 건설하는 데에 있어서 극복하기 어려운 장애가 되고 있다.

한중간 비약적인 경제적 발전에도 불구하고 정치/안보의 영역에서 지속된 불신과 갈등은 많은 부분 동북아시아 안보 상황의 구조적인 요인에 기인한다. 그럼에도 불구하고 한국과 중국의 외교적 선택이 구조에 의해 완전히 결정되는 것은 아니며 많은 측면에서 구조적인 틀 안에서 안정과 발전을 모색할 수 있는 여지가 있다. 이 글은 한중 간의 긴장을 규정하는 구조적 요인과 그 안에서 한국과 중국이 어떠한 발전적 협력을 할 수 있는지 그리고 이러한 발전적 협력을 위한 방안을 고민하는 과정에서 김대중 대통령의 대중국 정책과 동북아시아 협력 구상이 어떠한 시사점을 주는지를 중심으로 논의를 전개하기로 한다.

2. 한중관계의 구조적 요건

한중관계는 한반도의 분단과 적대적 대치라는 현실에서 비롯한 한미동맹과 북중동맹이라는 두개의 동맹관계로 매개되어 있다. 미일동맹과 더불어 위의 두 동맹관계는 지난 반 세기 동안 한반도와 그 주위 안보구조를 결정하는 요인들이라고 할 수 있다. 북중관계가 중국의 개혁개방이후, 김일성의 사망 이후 또는 북한의 본격적인 핵실험 이후 변화가 있어왔으나 북중동맹은 중국이 한국과 미국의 한반도 영향력 확대에 대응하는 가장 중요한 수단이자 미국과 일본에 '북한 카드'를 중요한 협상의 수단으로 활용할 수 있기에 적어도 예측가능한 미래에 그 관계에 급격한 변화가 올 가능성은 매우 낮다.[132] 냉전체제의 해체 이후 북한에게 북중동맹은 생명선과 다름없는 역할을 하고 있다. 중국에게도 비록 최근 북중동맹의 성격이 과거 혈맹관계에서 국가 대 국가의 관계로 변화하였다고 하여도 여전히 중국이 동북아시아에서 자신의 영향력을 구현할 수 있는 가장 중요한 기재라고 할 수 있다. 한미동맹 또한 한국의 경제성장과 민주화이후 혈맹관계에서 국가 대 국가의 관계로 변화하였으나 한국에게는 한반도 평화의 최후의 보루이며 중국과 일본이라는 두 강대국에 대해 견제력을 행사할 있는 유일한 수단이다. 미국에게는 중국의 영향력이 점차 강화되어가는 동북아시아에서 미국의 이해를 관철하는 매우 중요한 도구이다. 특히 중일관계의 악화가 자동적으로 중미관계의 악화로 연결될 수 있는 상황에서 한미동맹은 미중관계의 완충역활을 해줄 수 있는 가능성도 가지고 있다. 이와 같이 북중동맹과 한미동맹은 상당 기간 유지될 것이기 때문에 앞으로 한중관계에 관한 어떠한 발전적 방안을 고려하더라고 그 지속성을 전제해야 한다.

한반도의 분단상황과 한미동맹/북중동맹이 한중관계를 오랜 기간 동안 규정해온 구조라면 중국의 부상과 더불어 동북아시아 또는 동아시아에서 최근 20여 년간 증폭된 미국과 중국의 경쟁/협력관계는 더욱 역동적이고 광범위한 동북아시아 안보구조를 형성하고 있다. 중국의 부상은 중국이 동아시아에서 점차 자신의 발언권을 강화하고 스스로의

132 조영남, 『중국의 꿈: 시진핑 리더십과 중국의 미래』 (서울: 민음사, 2013), pp. 341-342.

이익을 수호하기 위해 공세적인 외교/군사전략을 펼치게 되는 동시에 초강대국으로서 지역의 안보와 질서에 점차 더 많은 책임을 져야 하는 상황을 만들었다. 전자는 남중국해에서 중국의 적극적인 자신의 권리를 관철하려는 노력이 대표적인 예이며 후자는 테러와의 전쟁에서 중국 역시 강대국으로서의 적극적인 참여를 국제사회로부터 요구받고 있는 것이 대표적인 사례라고 할 수 있다. 미국 역시 세계적 질서 유지와 태평양지역의 안정을 위해서 중국과 협력하지 않을 수 없는 입장이다. 최근 중동과 우크라이나에서의 일련의 사태는 미국 혼자의 힘으로 전 세계의 안정을 유지하는 데에는 한계가 있다는 것을 보여준다. 따라서 미중관계가 극단적인 대립으로 치닫지 않는 이상 미국의 입장에서는 EU와 더불어 중국의 적극적인 세계질서 유지에의 참여가 절실한 시점이다. 이와 같은 미국의 필요에 의해 미중 양국 간 이미 충분히 심화된 경제적 상호의존성은 점차 안보적 상호의존성으로 발전할 가능성이 충분하다.

3. 한중관계와 두 가지 역학관계: 남북관계와 미중관계

북중동맹과 한미동맹, 한일동맹으로 이루어진 동아시아 안보질서의 구조속에서 한반도의 안정과 평화는 남북한 당사자들뿐만 아니라 한반도 주변국 모두에게 핵심적 국가이익의 하나로 인식되고 있다. 무력충돌이나 핵무기로 인한 한반도의 급격한 정세 변화는 남한과 북한에게는 재앙으로 회복불가능한 수준의 인명과 경제의 파괴를 의미한다. 한반도에서의 군사충돌과 기존 체제의 붕괴는 대규모 난민과 경제적 위기, 더 나아가 기존 질서의 붕괴에 따른 정치적 긴장의 극대화에 따르는 추가적인 군사충돌을 비롯한 여러 가지 예측 가능한 시나리오들을 고려해 보면 동북아시아 각 국가들 모두에게 심각한 국가재난이 될 것이다. 이중 북한과 긴 국경을 맞대고 있는 중국에게 더욱 그러할 것이다. 이러한 재앙을 방지하는 큰 책임과 역할은 한중관계 속에 던져진 과제이기도 하다.

정치/안보 영역에서 한중관계는 크게 보아 남북관계와 중미관계에 의해 상당부분 규정되어 있다. 위에서 언급하였듯 북중동맹은 중국과 북한 모두에게 스스로의 국가이익에 필수적인 기재이기 때문에 가까운 미래에 변화하지 않는 구조적 요인이다. 따라서 핵실험이나 군사도발을 통한 북한의 무력시위와 이에 따른 한국의 강력한 대북 봉쇄정책은 중국에게 외교적인 선택의 폭을 좁힌다. 한반도의 갈등과 긴장은 중국의 외교에서 한국이냐 북한이냐 하는 양자택일의 상황을 만드는데 현재 중국의 전략적 입장에서 북한의 붕괴를 그냥 지켜볼 수 없는 것이 중국의 현실적인 입장이다. 따라서 한국이나 미국의 강경파가 바라는 대로 북한에 대한 봉쇄에 중국이 참여하여 북한의 붕괴를 선택하는 방안이 불가능하다면 중국으로서는 한국과의 갈등이 고조되는 것을 감수하는 한이 있어도 대북봉쇄정책에 대해 소극적 또는 적극적 반대를 선택할 수 밖에 없다. 이는 2008년 이후 한중 간의 외교적 갈등의 가장 근본적인 원인이었고 앞으로도 마찬가지일 것이다.

한미동맹 또한 가까운 미래에 변화하지 않을 구조적인 요인이라는 점을 감안하면 중국과 미국 간의 불신과 긴장은 한중관계에 매우 부정적으로 작동할 가능성이 크다. 미국은 한일관계의 정상화 또는 동맹관계에 준하는 협력관계로의 승격을 지속적으로 한국에게 요청하고 있다. 이러한 노력은 한일관계가 한미동맹과 미일동맹을 매개로 한 유사동맹관계(quasi-alliance)[133]에서 완전한 형태의 한미일 동맹관계를 향한 미국의 구상에서 비롯한 것인데 중국의 입장에서는 이는 곧 중국봉쇄정책의 하나로 인식될 것이다. 최근 미국이 한국 내 주한미군에 THAAD(Terminal High Altitude Area Defense)를 배치할 것이라는 전망때문에[134] 중국과 러시아는 미국에 대한 견제와 동시에 한국에 대해서도 높은 수준의 경고를 내보내고 있다.[135] THAAD의 한국 내 배치 구상에 관한 미국과 한국의 공식적인 입장은 북한의 미사일 공격에 대응하는 방어시스템의 도입이라는 것이지만 중국과 러시아은 동아시아에서 자국의 군사역량에 심각한 영향을 미칠 수 있다는 인식하에 한국정부에 대해 유례없는 압력을 행사하고 있다. 위의 두 사례는 중국에 대한 압박이라는 의심만으로도 한중관계가 쉽게 악화될 수 있다는 것을 보여준다. 만약 남중국해 또는 동북아시아에서 미국과 중국의 전략적 이익이 본격적으로 충돌하고 미국이 중국에 대한 더욱 적극적인 봉쇄정책을 실행한다면 한국은 한미동맹이라는 큰 구조하에서 많은 외교적 선택을 할 수가 없는 입장이다. 즉, 미중관계의 악화는 한중관계의 악

---

133 Victor Cha, *Alignment Despite Antagonism: The US-Korea-Japan Security Triangle* (Stanford, CA: Stanford University Press, 1999).

134 "Washington Considers Missle-Defense System in South Korea," http://www.wsj.com/ articles/washington-considers-missile-defense-system-in-south-korea-1401233131.

135 "China voices concern over U.S. THAAD on Korean soil," http://english.yonhapnews.co.kr/ national/2015/02/04/87/0301000000AEN20150204009900315F.html.

화로 이어질 가능성은 매우 크다고 할 수 있다.

이와는 반대의 선순환 구조 역시 예측할 수 있다. 남북한 긴장이 완화되면서 개성공단, 금강산 관광 등 다양한 영역에서 활발한 남북경제협력이 일어난다면 중국의 대한반도 외교는 여유를 가지며 그 선택의 폭도 넓어지게 된다. 이러한 유연성을 바탕으로 한중관계 또한 경제협력을 넘어서 지역의 안보를 같이 논의할 수 있는 관계로 발전할 것이다. 중국이 동북아시아를 넘어 동남아시아와 남아시아에서 안정을 유지하는 지도적인 위치를 점하기 위해서는 패권주의라는 의심을 피하기 위한 방법의 하나로써도 한국과 공동으로 안보질서를 추구하는 것은 중요하다. 일본과의 긴장은 미국과의 긴장으로 이어질 수 있기 때문에 한국을 매개로 한 한중일 간의 협력관계 또한 중국의 아시아 전체에서 지도적 위치를 점하는 데 필수불가결한 것이다. 이렇게 한중 간의 협력관계는 한국과 중국의 국가이익에 지대한 공헌을 할 잠재력이 있다. 그 근저에는 한반도의 안정이라는 필수조건이 전제되어야 한다.

마찬가지로 미중관계가 동아시아지역에서 대립과 경쟁이 아닌 지역의 안정을 위한 협력관계로 발전한다면 한미동맹은 매우 긍정적으로 작용할 수 있다. 경제적으로 긴밀한 한중관계와 안보적으로 긴밀한 한미관계가 긍정적으로 상호작용하면서 한국은 중국과 미국 사이의 연결고리가 될 것이다. 더 나아가 두 초강대국 사이에서 한국은 동아시아 다자간 협의체를 이끌어내고 공고화하는 데 중요한 역할을 담당하게 될 것이다. 이러한 과정 속에서 한중관계는 이름만이 아닌 실질적 의미의 전략적 관계로 격상하게 될 것이고 결국 이는 한반도의 평화에 안전판의 역할을 할 것이다.

한국은 1991년 남북한 동시 유엔가입 이후 성숙되어가는 민주주의와 지속적으로 성장한 경제력을 바탕으로 국제사회에서 중견국으로서의 위상을 높이고 있으며 UN이나 OECD 등 국제기구에서도 그 역할이 증대되고 있다. 객관적으로 보아 한국은 국내총생산규모(GDP)에서 세계 10위이고 중국 사회과학원의 평가에도 한국의 종합국력은 세계 9위에 이른다.[136] 그럼에도 불구하고 미국, 중국, 일본, 러시아의 세력권 가운데 위치한 지정학적 특수성 때문에 한국은 동북아시아의 긴장완화와 평화체제 구축 그리고 그 핵심이 되는 한반도의 평화와 안정을 단독으로 구현할 수 있는 능력과 여건을 갖추고 있지 않다. 한국이 한반도의 현 체제에서 어떠한 방식의 발전적 변화를 이룩하기 위해서도 미국과 중국의 적극적 지지 또는 승인, 그리고 더 나아가 일본과 러시아의 협조가 필요한 것이 현실이다. 이 점은 제2차 세계대전 이후 수차례에 걸친 세계질서의 재편에도 변하지 않았고 한반도를 둘러싼 4대 강국이 몰락하지 않는 이상 예측가능한 미래에도 변하지 않을 것이 자명하다. 이렇게 국제적으로 매우 제약된 환경을 가진 한국이 동북아시아의 평화구축을 위해 어떠한 역할을 할 수 있는지에 대한 논의는 쉽지 않다. 이 시점에서 김대중 대통령이 오랜 기간 동안 주장하였던 동북아 지역과 한반도 평화에 대한 관점과 그의 재임기간 동안 보여준 외교적인 선택은 중요한 시사점을 가진다.

---

136 http://media.daum.net/foreign/asia/newsview?newsid=20060106182011630.

4. 김대중 대통령과 한중관계 그리고 동북아 평화

김대중 대통령이 한반도와 동북아시아 평화를 위한 대외정책에 대해 자신의 생각을 구체화시킨 것은 그가 대통령으로 당선되기 27년전 그가 당시 야당의 대통령후보였던 시절이었다. 1971년 김대중 대통령은 대선공약을 통하여 미-중-러-일의 4대국의 한반도 안전보장을 통해서 한반도의 평화체제를 구축하는 것을 목표로 한국은 미국과의 동맹과 중국(중공), 소련, 일본과의 우호관계(1동맹-3우호체제)를 만들어야 한다고 주장하였다.[137] 그 당시는 국제적으로는 여전히 냉전이 진행중이었고 한국의 집권정부는 강한 반공주의를 통해 권위주의적인 사회체제를 심화시키고 있었다는 점[138]을 고려하면 당시 김대중 대통령 후보의 공약은 혁명적인 생각에 가까운 것이었다. 중국과 소련과의 우호적 관계에 대한 주장은 당시의 시대적 환경으로 보아 국가보안법으로 구속될 수도 있는 주장이었다. 일본과의 우호에 대한 주장 역시 나름대로 파격적이었는데 이는 박정희 정권이 1965년 한일국교정상화를 이룩하였을 당시 야당이었던 민주당은 일본과의 국교정상화에 전면적으로 반대하였고 그때에 김대중은 민주당의 대변인이었기 때문이다.[139]

---

137 이에 대한 심층적인 연구는 박명림, 지상현, "탈냉전기 한국의 동아시아 인식과 구상: 김대중 사례연구," 『한국정치학회보』, 제43집 제4호 (2009) 참조.

138 1971년의 대통령선거 후 재집권한 박정희 대통령은 1년후 헌법을 중지시키고 국회를 해산하며 정치적 민주주의를 폐기한 유신체제를 출범시킨다.

139 김대중은 당시 한일국교정상화 자체는 찬성하되 그 방법과 내용에 대해 반대하며 더욱 실리적인 접근을 할 것을 주장했다. 김대중의 실리외교론은 그가 소속된 정당에서 크게 비판받는다. 일본 NHK 취재반 구성, 김용운 편역, 『역사와 함께 시대와 함께: 김대중 자서전 1』 (서울: 인동, 1999), p. 182.

그러나 돌이켜 보면 1969년 미국은 이미 닉슨독트린에 따라 아시아에서 미국의 군사 개입을 최소화하는 새로운 아시아안보에 대한 전략을 공표하였고 베트남과 한국에서 미군의 철수 또는 감군을 계획하고 있었다. 곧이어 1971년 4월 중국과 미국은 핑퐁외교를 시작하여 미중데탕트 시대를 개막하였고 이를 통해 동아시아 질서에 근본적인 변화가 일어나고 있었다. 이에 대한 한반도의 대응에는 두 가지 선택이 있었다. 하나는 미국과 중국의 선택을 따라 한반도에서도 이념적 대결을 종식하고 실리적 외교를 택하는 것이고 또 다른 하나는 미국과 중국이 한국과 북한을 무조건적으로 지원하지 않을 것이라는 전망하에서 내부적인 체제를 강화하며 군사력을 강화하는 것이었다. 당시 남북한의 집권자들인 김일성과 박정희는 후자를 선택하였다. 북한은 주체사상을 강화하고 세습체계를 구축하였으며 한국은 유신체제를 수립하고 중화학우선 공업정책을 추진하였다. 반면, 김대중이 1971년 대통령후보 당시 주장하였던 1동맹-3우호체제의 구상은 당시 남북한이 가지 않은 길에 대한 청사진이었다. 1970년대에서 1980년대 후반에 이르기까지 일어났던 일련의 변화들-미중수교, 중일수교 그리고 냉전의 해체-을 생각하면 김대중 당시 대통령후보의 공약은 놀랍도록 미래지향적이었다 하겠다.

1998년 김대중 대통령의 대통령 취임 이후 그가 1971년의 구상하였던 한국의 동아시아정책은 상당부분 현실화된다. 1998년 11월 중국 방문 시 한중관계가 경제분야를 넘어서 안보의 영역으로 확대되어야 한다고 주장하며 중국에 햇볕정책에 대한 강력한 지지를 요청하였다.[140]

140 『한국일보』, 1998년 11월 13일.

또한 중국의 비약적 발전이 진행되던 1990년대 후반의 상황에서 미일 동맹이 중국에 위협으로 느껴지면 중국의 군사대국화가 가속될 수 있다는 고려에서 한중일 관계에서 일본을 고립시키면 안 된다는 고려하에 김대중 대통령은 당시 전격적으로 일본을 방문 오부치 일본총리와의 회담을 통해 유례없는 한일 화해모드를 조성하였다.[141] 한국사회에 일본의 대중문화를 전면 개방하였고 심지어 한일 군사훈련을 실시하기도 하였다. 미국 클린턴 행정부 역시 김대중 정부의 이러한 노력에 대한 적극적인 지지를 보내었다. 이 시기는 한국이 햇볕정책에 대한 미국, 중국, 일본, 러시아의 지지를 통해 북한의 핵개발과 한반도 긴장에 대한 대책으로서 동북아 지역협력을 주도하는 데 성공한 한국 외교의 전성기라고도 할 수 있다.

5. 2015년에 김대중의 동아시아정책과 한중관계를 생각하다

1990년대 후반과 비교할 때 지금 한국 외교는 많은 측면에서 수세에 몰려있는 상황이다. 한중관계는 비약적인 경제적 협력관계에 걸맞지 않게 정치/안보분야에서 답보상태를 계속하고 있고 한일관계 또한 경색되어 있는 상태이다. 한국 외교의 철저한 미국중시 전략에도 불구하고 한미관계 또한 1990년대보다 더욱 진전되었다고 보기도 어렵다. 물론 1990년대 후반과 많은 시대적 차이점이 있다는 점을 고려해야 한

141 박명립, 지상현, 앞의 글 (2009), p. 159.

다. 클링턴 미 행정부에 비해 부시 행정부는, 특히 9·11이후, 매우 일방주의적인 외교정책을 폈고 중미관계는 전반적으로 후퇴하였다. 오바마 행정부는 이미 충분히 성장한 중국에 대한 견제를 수행해야 하는 입장이다. 중국 역시 도약한 국력을 바탕으로 남중국해나 대일, 대미관계에 있어서 점차 공세적인 외교를 펼치고 있다. 일본 집권층의 극우화에 따른 일련의 움직임들은 – 야스쿠니 신사 참배, 역사교과서 문제, 조어도 문제, 평화헌법 폐지 논의 등등 – 동북아 정세에 새로운 긴장의 요소를 더하고 있다. 북한 역시 이미 수 차례의 핵실험을 통해 사실상의 핵보유국으로 스스로를 규정하며 6자회담과 같은 다자간 협상과 타협이 어려운 대상이 되어가고 있다.

21세기에 들어와서 점차 복잡해지고 있는 동북아시아의 정세는 한국으로 하여금 외교정책의 선택을 매우 어렵게 하고 있다. 그럼에도 불구하고 과거 김대중 대통령 시절의 대중정책과 동북아지역협력 체제구축의 시도는 지금도 많은 부분 적실성을 가진다. 가장 중요한 점은 1971년 대선공약에서부터 대통령재임 시의 정책에 이르기까지 김대중의 대외정책은 이념에 좌우되지 않는 철저한 실용주의에 입각하여 국익을 추진하였다는 것이다. 그의 가장 대표적인 대북 햇볕정책 역시 민족통일이라는 이상적인 목적보다는 한반도 평화유지라는 가장 현실적인 국익을 위해 이념적인 부분을 넘어선 실용적인 외교로 볼 수 있다. 중국에 대해서도 김영삼 정부 시기 經熱政無의 단면적 발전이나 이명박 정부 經熱政冷의 비정상적 발전에 비교하여 김대중 정부의 대중국정책은 확대된 경제협력을 넘어 햇볕정책과 6자회담을 비롯한 여러 깊은 수준의 정치적 협상을 진행하는 經熱政熱을 지향하였다. 또한 노무현 정부시기와 달리 김대중 정부의 중국과의 전면적 협력 확대는 한미동맹의 지속과 발전을 의심케 하는 어떠한 여지도 만들지 않았다.

21세기 동아시아에서 가장 좋지 않은 징후 중 하나는 이념이 점차 각국의 대외정책에 더 깊이 작용을 하고 있다는 것이다. 일본의 극우화 경향과 중국에서 점차 심화되는 민족주의의 열기, 그리고 점차 자신감을 상실하기 때문에 때로는 히스테릭컬(hysterical)한 미국의 대외정책은 냉전 이후 모두에게 당연하게 생각되던 실용주의적 대외정책관의 후퇴를 의미한다. 이러한 점에서 김대중 대통령의 실용주의적 대중정책과 대북정책은 미래의 한국의 대외정책의 결정에 깊은 함의를 가진다고 할 수 있다.

제9장

주은래의 아시아 외교 이념과 실천

양룽(楊龍) | 남개대 아시아연구중심 주임, 교수

리멍쉐(李夢雪) | 남개대 주은래정부관리학원 대학원생

주은래는 일생 동안 수많은 국제회의에 참석하여 539명의 정상들과 회동했던 저명한 외교관이다.[142] 중국 총리와 외교부 부장을 장기간 겸임한 신중국 외교의 정책결정자인 동시에 중국 외교의 중요 집행자였다. 또한 그는 신중국 외교의 개척자이다. 제1대 외교부 부장인 그가 외교 활동을 전개하면서부터 국제사회가 신중국을 이해, 인지하기 시작하였다. 그는 이데올로기나 발전 수준이 다른 아시아 이웃 국가들과 외교적 왕래를 하는 과정에서 있는 것과 없는 것을 서로 통한다(互通有无), 평화우호를 제창하면서, 구동존이(求同存異)와 같은 새로운 외교 이념을 제시하였다. 또한 중국을 대표하여 평화공존5원칙을 내세운 인물 또한 주은래이다. 아시아 인민들의 단결, 아시아 이웃 국가 및 세계 각국의 평화공존 및 공동 발전을 추진하는 과정에서 주은래의 아시아 외교는 점차 외연을 확장했으며, 일부 지역의 문제 해결

142 曹应旺：《中国外交第一人》，上海：上海人民出版社，2006年版，第48页。

에 있어 좋은 범례가 될 정도로 1970년대 후반 중국 외교 발전에 단단한 기반을 다져 놓았다.

1. 주은래 아시아 외교의 전개배경

신중국 수립 초기, 특히 주은래가 아시아 외교를 전개한 시기에 중국은 동북아, 동남아, 남아시아와 같이 중국과 인접한 지역을 위주로 외교 활동을 하였다. 이들 국가는 반달 모양으로 중국을 둘러싸고 있다. 만약 이들 국가와 사이가 좋지 않을 경우, 중국은 소위 '포위'되는 상태에 놓이게 된다. 즉 중국의 발전과 안보는 이들 국가와 밀접히 연관되어 있었다. 이들 국가 중 동북아, 동남아 국가는 문화적으로 중국과 뿌리를 같이하고, 남아시아 국가는 중국과 문화가 유사하다. 이들 국가는 고대에 중국과 긴밀히 왕래하여 정치 문명, 제도 발전에 있어 공유된 부분이 있다. 또한 이들 지역의 많은 국가들이 2차 대전 전후 식민지 지배를 받았다. 따라서 정도의 차이일 뿐, 정치 제도의 형성, 발전 모두 미국, 영국, 프랑스, 소련 등의 서양 대국의 영향을 받은 공통점이 있다. 이들 국가는 모두 전 종주국과 상당히 복잡하게 얽혀 있어, 중국의 아시아 외교 역시 매우 복잡한 양상을 띠었다.

이들 지역에는 대국 간 관계, 일반 국가 간 관계가 모두 존재한다. 남아시아의 대국인 인도는 오랜 식민지 역사가 있다. 독립 후에도 전 종주국인 영국의 영향에서 벗어나기는 쉽지 않았다. 이와 동시에 인도는 미국을 추종하고, 소련과도 밀접한 관계를 유지하고 있었다. 인도와 중국 사이 영토 분쟁이 끊이지 않았는데, 1962년에는 중국과 인도의 국경을 두고 전쟁이 발발하였다. 동아시아 지역에서 일본은 아시아에서 유일한 제국주의 국가이다. 일본은 메이지유신 시기 아시아를 벗어나 서구사회를 지향한다는 '탈아입구(脫亞入歐)'를 추구하면서 중국 침략 전쟁을 일으키고, 정치적으로 미국을 추종하며, 아시아 패권 장악을 기도하였다. 베트남, 라오스, 북한, 몽골 등 국가와는 2차대전 후 독립한 경우로 한 때 사회주의 진영이었기 때문에 중국과 동일한 이데올로기를 갖는다.

이렇듯 복잡한 주변 국가 관계로 인해 마오쩌둥(毛澤東)과 주은래 등 당시 국가 지도자들은 아시아 외교 전개의 필요성 및 시급성을 인지하였다. 즉, 국가별로 다른 외교 정책을 펼칠 필요성을 인지한 것이다. 신중국 건국 초기 외교는 주변 국가의 인정을 받아 정식 외교 관계를 수립하는 것에 중점을 두었다. 그 다음 목표는 중국의 경제 건설과 발전을 위해 안정된 주변 환경을 조성하는 것이고, 여기까지 완수되면 정확한 대외 정책을 제정하여 적합한 아시아 외교를 전개하는 것이다. 즉 중국의 국가적 이익과 아시아 국가들을 함께 고려해 이들 세 지역 내 국가들과의 관계를 잘 처리하는 것이다.

2. 주은래의 아시아 외교 실천

신중국 건국 후 초대 외교부 부장인 주은래는 신중국이 국제사회로 조속히 진입해야 하는 과제에 당면하였다. 다른 국가들의 인정을 받는 것이 주은래 외교 업무의 핵심이었다. 소련이 중화인민공화국의 합법적 지위를 인정하고 외교 관계를 수립한 후, 1949~1950년에는 북한,

몽골, 베트남, 인도, 미얀마, 인도네시아 등과 잇따라 외교 관계를 맺는다. 이 밖에 스리랑카도 중국과의 국교를 희망해 오면서 중국은 점차 아시아에서 기반을 다져 나가기 시작한다.

1) 중국의 대 동북아 외교에서 주은래의 역할

주은래 시기 동북아 외교는 전반적으로 이데올로기 색채를 강하게 띠고 있다. 이는 그가 대규모 외교 활동을 전개할 당시는 미국을 위시로 한 서방 자본주의 국가와 소련을 위시로 한 사회주의 국가 두 진영이 대치하는 시기였기 때문이다. 미국과 소련은 직접 전쟁을 벌이지는 않았으나 정치, 경제, 군사, 외교, 이데올로기 등의 대치 국면은 국지전 양상으로 발전하였다. 당시 중국은 사회주의 진영의 일원으로 동북아 지역 내 사회주의 국가를 적극 지원하면서 일본, 한국 등 자본주의 국가와는 복잡하게 얽히기 시작하였다.

(1) 한국전쟁 중 주은래의 건설적인 협상 전략

1950년대 초 미국은 이제 막 수립된 중화인민공화국을 정치적으로 고립하고, 경제적으로 봉쇄하며, 군사적으로 포위하여 중국을 견제하였다. 1950년 6월, 미국이 먼저 한반도 내전에 개입하며 전쟁의 화살을 중국으로 돌렸다. 뒤이어 미국을 위시로 한 연합군을 북한에 투입하고, 미국 전투기는 여러 차례 중국 영공에 침입하여 단동(丹東) 지역을 폭격한다. 트루먼(Harry S. Truman) 미 대통령은 해군 제 7함대를 타이완 해협에 투입하였고, 인민해방군이 이 같은 타이완 해방 시도를 저지하려 하였다. 1950년 6월 28일, 마오쩌둥은 "전국, 전 세계 인민이 힘을 합쳐 만반의 준비를 통해 미 제국주의의 모든 도발을 물리치자!" 라고 호소하였다. 주은래도 중국 영토와 이웃 국가를 침해하는 모든 행위에 반대하며, 중국은 평화 정의 자유를 추구하고, 압박 당하는 민족 인민은 반드시 들고 일어나 저항해야 한다고 주장하였다. '그러나 평화 수호를 위해 침략에 저항하는 전쟁을 전혀 두려워하지 않는다. 중국 인민은 외국의 침략을 절대 용인하지 않으며, 그 어떠한 제국주의자가 이웃 국가를 제멋대로 침략하는 것을 결코 좌시하지 않겠다'라는 내용의 성명을 발표하였다.[143] 1950년 10월, 중국은 북한 정부의 요청에 따라 '항미원조(抗美援朝), 보가위국(保家衛國)' 방침을 세우고, 중국인민지원군을 신속히 조직해 한반도 전쟁에 투입시켰다.

한국전쟁은 '협상과 전쟁이 동시에 진행'되는 전쟁이었다. 중국이 참전 8개월 째인 1951년 6월, 미국은 북한, 중국과 협상을 시작하였다. 당시 주은래도 협상에 참여한다. 그는 2년 19일의 고된 협상 테이블에서 '나아가야 할 때 나아가고, 멈춰야 할 때 멈춘다(行于所當行, 止于所不可不止)'라는 태도로 훌륭한 외교적 지혜를 펼쳤다.[144]

이러한 그의 지혜는 외국군 북한 내 철수, 군사분계선, 비무장지대(DMZ) 확정, 전쟁 포로 송환 문제의 협상에 그 빛을 발휘하였다. 전쟁 포로 문제 관련하여 주은래는 제네바협약 118조에 규정된 '전쟁 종식

---

143 中共中央文献研究室, 中央档案馆编 : 《建国以来周恩来文稿》第三册, 北京 : 中央文献出版社, 2008年版, 第356-360页。

144 1951년5월, 중국, 북한, 소련 삼국은 마오쩌둥을 한국 전쟁 휴전 협상의 주요 지도자로 결정하였다. 그러나 실질적인 협상 과정에는 주은래가 마오쩌둥의 명의로 초안을 작성하거나 초안 작성을 주재한 후 리커농(李克农), 김일성, 펑더화이(彭德怀)에게 통보하였다.

후 전쟁 포로는 지체 없이 석방 및 송환한다'에 따라 처리할 것을 주장하였다. 그러나 미국이 비교적 많은 수의 전쟁 포로를 구류하고 있다는 이유로 '일대일 교환' 등을 골자로 하는 '자발적 송환' 원칙을 고수함에 따라 쌍방 협상은 교착 상태에 빠진다. 1952년 11월 감령(甘岭)전투 후, 클라크(Mark Wayne Clark) 미국 측 대표는 전쟁 기간 중 우선적으로 부상을 당하거나 질병에 걸린 전쟁포로를 교환하자는 내용의 서신을 중국과 북한에 전달하였다. 주은래는 이를 협상을 재개할 수 있는 의미 있는 신호라 여기고 긍정적인 반응을 보냈다. 이로써 6개월간 중단된 협상이 재개되었다. 1953년 3월, 주은래는 전쟁기간 중 부상을 당하거나 질병에 걸린 전쟁포로 교환 관련 협상을 북중 휴전 협상 대표와 연합군 협상 대표에게 제안하며 전쟁포로 문제의 '일괄 해결'을 모색하였다. 물론 전쟁포로를 모두 송환해야 한다는 원칙은 반드시 고수한다는 입장이었다. 그러나 송환 문제에 있어 주은래는 두 단계로 나누어 진행하자고 제안함으로써 한 발 물러섰다. 즉, 수용하고 있는 전쟁포로 중 송환을 고집하는 포로를 즉각 송환한 다음, 나머지 전쟁포로는 중립국으로 송환하여 전쟁포로 송환의 공정한 해결을 도모하는 것이었다.[145] 주은래의 새로운 제안은 양측의 지지를 얻었고, 1953년 7월 '한국전쟁 휴전 협정'이 체결되었다.

주은래는 외국 군대의 북한 내 철수, 양측 군사분계선 확정, 비무장지대(DMZ) 설치 등을 협상에서 북중 양국의 근본 이익을 확보하는 동시에 정세를 파악하여 적당한 양보도 거쳐 중대 문제에 있어서는 양측

145 中共中央文献研究室编：《周恩来军事文选》，北京：人民出版社，1997年版，第316−317页。

모두 공감할 수 있는 분위기를 마련하였다. '복잡, 미묘하고, 군사와 외교가 얽힌 기나긴 투쟁' 중, 주은래는 아주 절묘히 '나아가야 할 때 나아가고, 멈춰야 할 때 멈춘다'를 실현한 것이다.[146]

한국전쟁으로 인해 두 진영의 대치와 경쟁은 더욱 악화일로로 치닫게 되어 중미 양국은 20년에 이르는 기나긴 대치와 반목에 접어들게 되었다. 1954년 미 국무장관 덜레스(John Foster Dulles)는 "우리는 가능한 한 공산당 중국을 더욱 힘들게 할 것이다". 그리고 "종국에는 중국을 붕괴시킬 것이다"라고 천명한 바 있었다.[147] 이데올로기 대치와 북중 간 우호 관계로 인해 중한 양국은 40년간 대립하였다. 한반도 분단은 상호 적대 관계인 두 국가의 문제이기도 하지만, 그 배후에는 사회주의와 자본주의 두 진영의 대립이 있었다. 남북한 인접국인 중국은 한반도 긴장 국면의 직접적인 피해자였다.

한국 전쟁을 계기로 중국과 북한은 선혈로 맺어진 우의 관계가 되었다. 주은래와 김일성은 다수 회담을 통해 전후 재건, 경제, 군사 원조 등에 관련 된 논의를 나누고, 조중 우호협력 및 상호원조조약, 조중변계조약(朝中邊界條約) 및 일련의 무역, 차관 등의 협정을 잇따라 체결하였다. 중국과 소련 관계가 악화됨에 따라 1965년 북중 관계도 국경 부근 영토 문제를 둘러싸고 여러 차례 분쟁이 발생할 정도로 한 때 긴장감이 고조되었다. 그러나 전반적으로 북중 관계는 여전히 상호 의존하는 긴밀한 관계였다. 북중 간의 긴밀한 관계로 인해 중국은 한반도 문

146 彭德怀传记编写组：《彭德怀军事文选》, 北京：中央文献出版社, 1988年版, 第447页。

147 由金星：《论朝鲜战争期间美国对外政策(新视野—中美关系论文集)》, 南京：南京大学出版社, 1991年版, 第247页。

제에서 특수한 영향력을 행사하게 되고, 동북아 질서 안정에 있어서도 비교적 큰 발언권을 가졌다.

한국전쟁 종식 후, 국제사회는 더 이상 중국의 힘을 무시할 수 없을 정도로 중국의 국제적 위상은 높아졌다. 이에 중국은 아시아 문제에 적극 참여함으로써 아시아에서의 미국의 패권을 견제하기 시작하였다. 주은래는 타국의 이익을 무시하고, 타국을 조종 및 통제하는, 국제관계와 경제 질서를 틀어쥔 대국 강권 정치 시대는 막을 내렸다고 여러 번 강조하였다. 중국은 국가 이익을 근본적인 출발점으로 삼았기 때문에 한국전쟁은 중국 인민이 내 집과 내 나라를 지키는 애국주의 정의 전쟁이며, 북한을 지원하는(援朝) 것은 사회주의 국가가 마땅히 다해야 하는 국제적 의무인 것이다.

(2) 중일 국교정상화에서 주은래의 역할

일본과 중국은 바다를 사이에 둔 인접국으로 양국은 예로부터 깊은 왕래가 있었다. 그러나 근대 이래로 중일 관계는 악화되기 시작한다. 일본은 여러 차례 중국을 상대로 전쟁을 벌였으며, 세계 2차 대전 당시 전면적인 중국 침략을 감행했다. 일본의 파시즘주의는 중국을 상대로 용서할 수 없는 만행을 저질렀다. 세계 2차 대전 종식 후, 일본은 신중국을 적대 세력으로 여기고, 장제스 정부와 일본–타이완 조약을 불법으로 체결했다. 냉전 시기 중국은 친소련 일변도 노선을 고수하였고, 미국은 아시아에서 일본을 적극 끌어들였다. 그 결과 미일–소중 간의 적대 관계로 인해 중일 대치 국면이 형성되었다. 마오쩌둥과 주은래는 깊은 혜안으로 일본은 아시아 강국임을 인정하였다. 그리고 신중국의 외교 전략에 있어 평화공존, 구동존이 원칙을 기반으로 중일 관계를 개선해야 한다는 판단을 내렸다. 이에 주은래가 구체적인 계획안을 수립하고 이를 실행에 옮겼다. 주은래는 1950년 6월 16일, 제1기 전국 정협 2차 회의 정치보고 시, "일본에 잔존한 군국주의는 반드시 일소해야 하며, 일본 민주화와 일본 인민의 평화로운 삶을 실현해야 한다." "이것이 전제되어야만 극동(遠東)의 평화를 보장할 수 있고, 중일 간 국교도 회복할 수 있다. 중일 간 우호적인 무역관계를 바탕으로 동방(東方)은 진정한 번영을 이루게 된다."[148] 주은래는 1953년 28일, 일본의 평화옹호위원회 오오야마 이쿠오(大山郁夫) 회장과의 회담 에서 중국은 '세계 각국, 특히 일본과의 정상관계 회복' 및 중일 무역 관계 발전에 대한 희망을 표명했다.[149]

주은래는 중일 국교정상화 외교 업무를 직접 챙겼다. 그는 일본 국민이 중국과의 국교 정상화를 원하지만, 미국이 일본 경제, 외교, 군사 등에 영향력을 행사하고 있어 일본이 독립적으로 외교를 전개할 수 없다는 사실을 인지하였다. 이에 중일 국교정상화 작업의 난관이 봉착했을 때 주은래는 '민간에서 먼저 시행하고, 민(民)이 관(官)을 이끈다(民間先行, 以民促官)'라는 대일 외교 방침을 먼저 제시하였다.[150] 구체적으로 살펴보면, 주은래는 대일 외교 노선을 수립할 때, 강력한 외교팀을 직접 조직하고 양성하였다. 또한 이들을 '두 개로 나누어'외교부 정식 루트와 중일우호협회라는 민간 루트를 동시에 가동하는 대일 외교

---

148 中共中央文献研究室：《中央档案馆编.建国以来周恩来文稿》, 第二册, 北京：中央文献出版社, 2008年版, 第484－495页。

149 《日本问题文件汇编》, 第一集, 北京：世界知识社, 1955年版, 第116页。

150 曹应旺：《中国外交第一人》, 第212页。

를 펼친 것이다.[151]

같은 기간 동안 일본의 준정부 및 민간에서는 중국과의 우호를 주장하며, 협력과 왕래를 진행하였다. 또한 중일 국교정상화를 위해 노력하였다. 주은래는 중국을 방문한 일본의 과학, 교육, 문화, 보건, 무역 분야 등 각계 우호 인사 및 야당 대표에게 중일 국교정상화에 대한 강한 염원을 밝혔다. 1950년대에서 1960년대 후반까지 그는 중일 관계 발전을 위한 중일 정치3원칙과 중일 무역3원칙을 제시하였다. 먼저 정치3원칙의 내용을 살펴보면, 첫째, 일본 정부는 중국을 적대시하지 않는다, 둘째, 일본은 미국을 추종하지 않으며, '두 개의 중국' 음모를 지지하지 않는다. 셋째, 중일 양국 관계 정상화 발전을 방해하지 않는다. 상기 세 가지 정치 원칙은 중국의 마지노선을 지켰을 뿐 아니라 일본에게도 여지를 남겨 주었다. 무역3원칙은 첫째, 양국 정부는 무역 협정을 체결한다. 둘째, 민간무역단체는 계약을 체결한다. 셋째, 특히 어려움에 처한 중일 중소기업에는 혜택을 제공한다.

민간 교류가 지속적으로 확대되는 분위기 속에 중국 정부는 일본 사회당, 공명당 등 중국을 방문한 단체와 우호 관계를 구축해 갔다. 1971년 6월, 주은래는 공명당 위원장인 다케이리 요시카쓰(竹入義勝)의 인솔하에 중국을 방문한 공명당 방중단과 첫 회담을 열고, 중일 국교정상화5원칙을 제시하였다. 같은 해 11월, 이 5원칙은 '첫째, 중화인민공화국 정부는 중국을 대표하는 유일한 합법 정부이다. 둘째, 타이완은 중화인민공화국 영토와 불가분한 일부분이다. 셋째, 일본-타이완 조약

---

151 徐行, 薛琳 :《周恩来在中日复交前期准备过程中的作用》, 新疆社科论坛, 2009年版(4), 第17页。

은 불법, 무효하므로 반드시 철회한다.'라는 내용의 중일 '국교정상화 3원칙'으로 발전하였다. 또한 이는 중일우호협회, 일본 내 일중 국교 회복 추진 위원 연맹, 일중 국교 회복 국민 회의 등으로부터 인정을 받았다.[152] 1972년7월, 주은래는 공명당 위원장 다케이리 요시카쓰와 회담을 갖고, '공동성명' 발표 시 중일 국교정상화에 대한 염원을 표명함과 동시에 중국은 일본과의 우호 왕래를 위해 전쟁 배상금을 포기할 것을 밝혔다. 일본이 민감하게 여겼던 미일 안보 조약 등 문제 처리 및 해결에 관해 주은래는 우선 이 문제는 다루지 않기로 하고, 중일 공동성명에도 언급하지 않았다. 이에 다케이리 요시카쓰는 다나카(田中) 정부는 국교정상화 3원칙과 중일 국교정상화에 대한 이해 및 존중을 표명했으며, 이번 회담에서 양측 합의를 이룬 "공동성명"에서 유의미한 내용을 "다케이리 필기"로 정리하여 일본 정부에 전달하겠다고 밝혀 중일 양국 정부 협상의 핵심 내용을 한층 더 명확히 했고, 중일 정부 간 협상을 통해 중일 국교 문제를 풀고자 한 용기와 자신감을 보여주었다.

1976년 주은래가 서거하자 일본의 전 수상 다나카 가쿠에이(田中角榮)는 "주은래 총리는 중일 국교정상화에서 절대 빠질 수 없는 인물이다. 고비의 연속이었던 중일 국교정상화가 실현될 수 있었던 이유는 바로 저우 총리가 중국 측 대표였기 때문이다"라고 전했다.[153] 주은래의 중일 국교 정상화를 위한 노력은 중일 양국이 전략적 협력 동반자 관계를 유지하는 데 견실한 기반을 다져 주었으며, 양국의 공동 협력과 발

152 曹应旺：《中国外交第一人》, 第214页。

153 新华通讯社编译：《举世悼念周恩来总理》, 北京：人民出版社, 1978年版, 第4-5页。

전에 긍정적인 정치적 환경을 마련해 주었다. 이로써 동북아 지역 대국인 중국과 일본 양국 관계는 동북아 지역, 심지어 전체 아시아의 평화와 안정에 직접적으로 영향을 미치게 되었다.

2) 주은래의 대 동남아 외교 개척

주은래는 중국과 베트남, 미얀마, 캄보디아, 인도네시아 등 국가와의 관계 발전도 적극적으로 추진하였다. 이들 국가를 여러 차례 방문하면서 그는 국제 무대에 본격적인 모습을 드러내기 시작하였다. 또한 그의 '평화공존5 원칙'은 바로 동남아 국가와의 관계 개선에서 제시한 것이다.

(1) 중요 국제회의를 통한 동남아 외교 전개

주은래는 한국 전쟁 종식 후, 인도차이나 반도의 평화 회복은 국제적 긴장 국면 완화의 핵심 요소라고 판단하였다. 1954년 제네바 회의에서 그는 한반도 문제와 인도차이나 문제의 평화적인 해결을 위해 힘썼으며, 아시아 평화 촉진, 국제적 긴장 정세 완화를 위해 노력하였다. 한반도 문제는 미국의 조작과 방해로 인해 회의에서 원만히 해결되지 못하였다. 그러나 주은래는 여전히 교섭을 통한 평화적 해결이라는 신념을 바탕으로 회의 참여국에게 중국의 바램을 밝혔다. 즉 한반도 문제의 평화적 해결을 위해 지속적으로 노력할 것이며, 협상을 통해 국제분쟁을 평화롭게 해결하고, 협상 재개 관련 시간과 장소는 관련 국가가 별도 논의하여 결정하기를 바란다는 내용이었다. 이러한 책임감 있는 대국의 태도와 교섭을 통한 평화적 해결을 고수하는 그의 정신은 여러 국가로부터 긍정적인 반응을 불러 일으켰다.

인도차이나 평화 회복 문제는 프랑스, 베트남, 라오스, 캄보디아 등 회의 참여국 간의 상호 이해 부족, 신뢰 결여, 역사적으로 복잡하게 얽힌 관계, 미국의 의도적 방해, 간섭으로 인해 초기 한달간의 협상에서는 효과가 미미했다. 당시 주은래는 인도차이나 문제가 계속 지연될 경우, 한국전쟁 휴전 협상과 같은 '협상과 전쟁 동시 진행' 국면에 빠질 수 있다는 사실을 직감하였다. 이에 관련 국가들의 상호 이해 증진을 위해 프랑스, 베트남, 라오스, 캄보디아, 영국, 소련 여섯 국가 사이에서 중재를 시도하여 원활한 소통을 적극 추진하였다.

또한 캄보디아와 라오스의 중국에 대한 적대감을 불식시키기 위해 주은래는 왕빙난(王炳南)과 쓰저(师哲)를 먼저 파견하여 양국 관계자와 일차적으로 소통하게 하고, 본인은 그 다음 양국 대표와 회동을 가졌다. 당시 인도차이나 삼국은 민족과 국경선이 확실했기 때문에, 주은래는 이러한 현실 상황을 고려하여 제네바 회의에서 인도차이나 문제는 반드시 국가별로 해결해야 하며, '일괄 해결'해서는 안 된다고 주장하였다. 또한 모든 외국 군대의 캄보디아와 라오스 내 철수, 양국 내 적대적 행동 및 신규 부대와 무기의 반입을 중단할 것을 제안하였다.[154] 주은래의 이러한 노력에 힘입어 〈캄보디아와 라오스 내 적대 행동 금지에 대한 협의〉가 체결되었다.

베트남과 프랑스의 휴전 추진 과정 중, 주은래는 베트남이 군사회담에서 합리적인 상세 방안을 제시할 경우, 바로 프랑스와 문제 해결이

154 金冲及主编：《周恩来传(下册)》, 北京：中央文献出版社, 1998年版, 第1127页。

가능할 것이라 생각했다.[155] 주은래는 프랑스의 신임 총리인 주화파(主和派) 피에르 망데스 프랑스(Pierre Mendès-France)와 만나 협상 상황을 설명하고, 베트남 교전 중인 양국 부대집결지와 분계선 문제에 대해 논의하여 동의를 받았다. 이어 주은래는 류저우(柳州)에서 베트남 민주공화국 호찌민(Ho Chi Minh) 주석과 분계선 및 라오스 부대집결지를 포함한 인도차이나 삼국 평화 회복에 대해 여덟 차례 회담을 진행하였다. 회담 중에 그는 호치민에게 베트남과 프랑스 양국의 군사력 비교, 현재 베트남의 피해, 미국의 간섭 가능성 및 전쟁의 세계화 추세 등 여러 측면으로 베트남을 설득하여 베트남이 또 다시 전쟁의 늪에 빠지지 않도록 힘썼다. 호찌민은 주은래와의 여러 차례 논의 후, 주은래의 생각에 동의하여 전쟁을 중단키로 해 미국이 간섭할 틈을 주지 않았다. 베트남과 잠정적으로 합의를 거둔 후, 바로 모스크바로 건너 가 소련 지도자와 베트남-프랑스 문제 관련 회담을 진행하였다.

주은래는 먼저 현재 베트남은 북위 16도, 프랑스는 북위 18도를 경계로 나누자는 입장을 견지한다는 상황에 대해 설명하였다. 이와 함께 양국의 기본적인 이익을 침범하지 않는 전제하에 적당히 양보를 하는 방안, 즉 17도를 경계로 나누어 인도차이나 문제를 원만하게 해결할 수 있는 절충안을 제시하였다. 그의 다자 교섭 협상이 있은 뒤 중국, 베트남, 소련 삼국은 휴전 상세 방안에 있어 합의를 이루었다. 프랑스, 베트남 양국은 북위 17도, 이남 9번 도로 이북인 벤하이(Ben Hai) 강을 베트남의 군사분계선으로 확정하고, 21일 〈제네바 회의 최종 선언〉을 통과시켜 인도차이나에 휴전과 평화를 가져왔다. 제네바 회의 기간 동

155 金冲及主编：《周恩来传(下册)》, 第1129页。

안 한반도 문제, 인도차이나 문제의 평화적인 해결을 위한 주은래의 노력과 공헌은 국제사회 및 인도차이나 각국으로부터 높은 평가를 받았다. 이는 주변 국가의 발전과 평화에 대한 중국의 관심과 지원을 잘 보여주는 대표적인 사례이다.

(2) 여러 차례 동남아 인접국 방문

주은래는 외교활동으로 외국 방문 시, 국제 교류를 추진하는 데 가장 중요한 것은 주변국과 원만한 관계를 유지하고, 우방의 안정을 도모하는 것이라 여러 번 강조하였다. 주은래는 총리 재임 시 미얀마, 베트남, 인도, 캄보디아, 네팔, 스리랑카, 몽골, 북한 등의 국가를 총 32차례 방문하였다.[156] 그는 이들 국가 방문 시, 주변국과 우호 관계 구축, 국경 문제 해결, 우호 조약 체결, 경제 무역 협정 체결 등을 위해 힘썼다. 또한 이 과정에서 선진 지식 및 경험을 학습하는 동시에 '평화공존5원칙'과 반둥(Bandung) 정신을 널리 알리고자 하였다.

베트남의 경우 주은래는 총 6차례 방문했고, 중국을 방문한 베트남 정상을 20번이나 영접하였다.[157] 베트남은 오랫동안 프랑스의 지배를 받아왔다. 베트남 독립 후, 주은래는 천겅(陈赓)을 단장으로 하는 고급 군사고문단을 장기간 베트남에 주둔시켜 호치민이 베트남 군대를 지휘하고 프랑스에 대항할 수 있도록 도왔다. 뿐만 아니라 하노이(Hanoi) 내 안정적인 공산당 정권 수립을 위해 베트남에 대량의 군사 물자를 지원하기도 하였다. 미국이 베트남을 상대로 침략 전쟁을 일으켰을 당시,

156 曹应旺 :《中国外交第一人》, 第258页。
157 曹应旺 :《中国外交第一人》, 第264页。

주은래는 적극적인 '항미원월(抗美援越, 미국에 대항하여 베트남을 원조한다)'을 통해 베트남에 군사 및 국방 원조를 제공하였다. 또한 건설, 교통시설 및 통신시설 보수 등을 적극적으로 도와 베트남이 미국의 봉쇄를 깰 수 있게 도왔다.[158] 주은래는 베트남의 경제 회복과 재건에도 상당한 관심을 보였다. 1955년 6월, 그는 호치민과 회담에서 중국을 대표해 베트남 정부에 경제 재건 자금으로 8억 위안을 무상 지원하기로 약속하였다. 또한 베트남에 경제전문가, 기술전문가, 숙련된 엔지니어를 파견하여 베트남의 경제 발전 등을 도왔다.

또한 '동포국가'인 미얀마와 여러 차례 회담과 교류에서 주은래는 식민주의 통치로 야기된 갈등은 각국의 독립과 함께 사라졌으며, 이제는 선린우호 관계를 맺어 아시아 국가 간 우의와 협력을 증진해야 한다고 여러 차례 역설하였다. 그는 '평화공존5 원칙'을 양국 관계의 기본 원칙으로 삼고, 양국의 이해관계와 얽혀있거나 국제적으로 중요하고 긴박한 문제일 경우에는 상대국과 광범위하고 심도 있는 소통을 진행하였다. 예를 들어, 중국-미얀마 간 국경 문제 논의 시, 해당 문제의 공평하고 합리적인 해결을 위해 중국과 미얀마는 평등 협상이라는 조건 하에 심도 있는 우호 협상을 진행하였다. 또한 중국은 자발적으로 국경 지역에 전문가를 파견해 실사를 진행하였다. 이에 양국은 결국 평화공존 원칙을 기반으로 〈중화인민공화국과 미얀마 연방 간의 우호 상호 불가침 조약〉을 체결하여 중국과 기타 아시아 국가 간의 국경 분쟁 문제 해결의 좋은 선례가 되었다.

---

158 田增沛､王泰：《老外交官回忆周恩来》, 北京：世界知识出版社, 1998年版, 第146页。

3) 주은래와 네루의 중국-인도 외교

'평화공존5원칙'은 중국-인도 관계에도 강한 생명력과 적용가능성을 보여주었다. 비록 중국-인도의 국경 문제는 여전히 미해결 상태이나, 중국-인도 양국 관계 발전에 있어 평화공존5 원칙은 일정 기간 동안 평화와 안정을 가져다주었다.

인도는 1947년 독립 후, 영국 식민 통치 시기에 불법으로 정한 '맥마흔 라인(The Mcmahon Line)'과 '존슨 라인(Johnson line)'을 기준으로 '맥마흔 라인' 이남 중국 영토를 점령하고 북침을 지속하였다. 인도는 티베트에서의 특권을 계속 움켜쥐고 티베트의 독립을 지원하였다. 1949년 중화인민공화국 건국 및 1951년 티베트의 평화로운 해방에 따라 중국-인도 간 영토 문제를 둘러싼 충돌은 더욱 격화되었다.

1953년 주은래는 외교 시야를 동북아에서 동남아로 넓히고 점차 국제무대로 나아갔다. 이 기간 그는 중국-인도 양국의 티베트 지역 관련 문제 협상을 위해 베이징을 방문한 인도 대표단과 회담을 갖고, 처음으로 영토 보전(territorial integrity)의 상호 존중, 상호 불가침, 상호 내정 불간섭, 평등호혜(平等互惠), 평화공존의 내용을 담은 '평화공존5원칙'을 제시하였다.[159] 협의를 거쳐 1954년 6월, 주은래와 인도 총리 네루(Jawaharlal Nehru)는 '평화공존 5 원칙'을 양국 관계를 처리하는 기본 준칙으로 삼는다는 내용의 공동 성명을 발표한다. 1954년 중국-인도 양국은 협상 진행, 협정 체결까지 했으나 중국-인도 양국 간 국경 문

159 이는 후에 '주권'과 영토 보전의 상호 존중, 상호 불가침, 상호 내정 불간섭, 평등호혜(平等互利), 평화공존으로 용어가 변경되었다.

제를 둘러싼 갈등은 완전히 해소되지 않았다. 중국–인도 국경 지역에 중국 군대가 주둔하고 중국이 티베트에 대한 관할 수준을 높이면서 중국–인도 간 국경 문제 관련 대립과 충돌은 한층 더 격화되었고, 1962년 결국 중국–인도 국경 분쟁으로 인한 전쟁이 발발하였다.

국경 전쟁이 끝난 후, 중국–인도 양국 관계는 1967년 전까지 장기간의 냉담, 대치 국면이 지속되었다. 중국–인도 양국은 거의 모든 정치, 경제 왕래를 단절하고, 대사를 소환, 총영사관을 철수하였다. 인도는 친미 노선을 걷기 시작하였으며, 군비를 확충하는 등으로 소위 '중국 위협'에 대응하였다.

하지만 이 시기 주은래는 여전히 대승적 관점에서 선린우호라는 장기적인 이익으로 중국–인도 관계를 바라보고, 중국–인도 양국의 우호 왕래의 회복을 위해 힘썼다. 협상을 통해 국경 문제를 해결하려 하였다. 또한 자발적으로 군대를 철수하고, 인도군에 평화의 상징으로 녹색 깃발로 표시하여 중국–인도 전쟁 때 노획한 인도군의 무기와 탄약, 기타 군사 물자를 돌려주었다. 또한, 1963년 2월, 주은래의 지시에 따라 중국 국경 수비부대는 자발적으로 철수하였다. 1964년 중국은 단독으로 전쟁 포로를 석방, 송환할 것임을 선포하고, 군사물자 반환 등을 통해 양국 평화를 지키고자 하는 강한 의지를 표명하였다.[160]

주은래는 여러 차례 인도를 방문하여 인도의 대도시와 공업기지를 시찰하는 등 공업과 정보 기술 분야에서 학습하고 상호 교류하였다. 주은래는 "우리는 반드시 모든 국가, 모든 민족이 장점과 단점 모두를 가지고 있다는 점을 인정해야 한다.", "우리는 모든 국가의 장점과 우수

160 曹应旺 :《中国外交第一人》, 第263页。

한 점을 배워야만 한다.", "우리는 소련을 학습하고, 형제 국가를 학습하고, 세계의 모든 국가,…..즉 일본, 영국, 미국을 학습해야 한다"고 강조하였다.[161] 특히 주은래는 재임기간 동안 중국의 수리 건설에 상당한 관심을 보였다. 이에 외교 업무 기간 동안 그는 인도의 수리 시설을 자주 시찰하였고, 심지어 수력발전소에서 어떻게 진흙과 모래 문제를 어떻게 처리하는지를 인도 기술자에게 자문하기도 하였다.

3. 중국, 아시아 발전에 주은래 아시아 외교가 끼친 영향

주은래는 중국을 대표하여 아시아 문제에 적극 참여하였고, 국제 무대에서 막강한 영향력을 발휘하였다. 이러한 영향력은 그의 개인적인 매력뿐 아니라 외교 영역, 특히 아시아 인접국과의 역사 분쟁, 협력 교류, 국경 문제 등에서의 그의 성과에서 기인한 것이다. 영국의 작가 겸 방송평론인 데이비드 로슨(David Lawson)은 "주은래는 국제적인 정치가로서 정계에서 명성을 떨쳤으며, 우리에게 신중국이 혁명적이면서도 주변국과의 평화 공존하려는 모습을 동시에 보여주어, 국제사회의 일원으로 자리잡았다."라고 언급한 적 있다.

아시아의 걸출한 외교관으로 평가 받는 주은래가 아시아 외교에 미친 공헌을 네 가지 방면으로 정리할 수 있다.

161 叶国洪 :《周恩来与中国现代化 : 民族化国际化与科学化的均衡发展》, 载《二十一世纪周恩来研究的新视野》2008年版, 第480页。

1) 아시아의 새로운 국제 정세 형성

주은래는 신중국 외교의 창시자로 중국과 아시아 국가, 특히 동북아, 동남아 지역, 인도 등 인접국가와의 교류를 적극적으로 추진하였다. 자주독립의 외교정책 견지하면서 아시아 국가들과 평등협상, 구동존이를 통해 평화공존을 실현하고자 하였다. 주은래 시대 중국은 제3세계 국가의 중요한 대표로서 그가 주장한 아시아 국제관계의 행위 준칙은 아시아 국가의 반제국주의, 반식민주의 및 아시아 평화수호의 강력한 무기가 되었다.[162] 주은래의 아시아 외교 활동은 중국의 이익을 보호해 주었을 뿐 아니라 북한, 라오스, 베트남, 미얀마, 캄보디아 등 인접국에도 유익하였다. 그의 외교 활동으로 인해 국제 정세는 일전의 국제정치 형세에서 변화되어 세계정세의 불균형을 완화시켰다. 뿐만 아니라 국제 정세 안정, 전쟁 억제 효과까지 거두었다. 미국의 닉슨(Richard Nixon) 전 대통령은 주은래 서거 후 그의 부인 덩잉차오(鄧穎超)를 만나 "전세계 힘의 균형을 유지한 그의 행동을 역사학자들은 그의 위대함을 보여준 증거라고 평가할 것입니다."라고 말한 바 있다.[163]

주은래는 전쟁 후 아시아 국가들의 재건과 민족 해방 운동을 적극 돕고, 경제 협력을 적극 추진함으로써 아시아 각 국과 우의의 기반을 다졌다. 캄보디아 국가 원수 노로돔 시아누크(Norodom Sihanouk) 국왕은 "주은래는 캄보디아 인민의 가장 가까운 전우이자 위대한 친구로

---

162 마오쩌둥의 3대 세계외교이론 중, 중국과 많은 아시아 아프리카 국가는 모두 제3세계에 포함된다.

163 曹应旺：《中国外交第一人》, 第48页。

캄보디아 인민의 승리를 위해 역사적인 공헌을 했다"라고 말한 바 있다. 또한 파키스탄 국민은 주은래를 두고 자신들의 가장 진실되고 믿음직한 친구이며, 중국-파키스탄 간의 깊고 영원한 우의의 창조자 중 하나로 여긴다.

2) 세계를 향한 중국의 외교 시야 개척

하버드대의 저명한 중국 문제 전문가인 고(故) 페어뱅크 (John King Fairbank) 교수는 "주은래는 행정상의 안정화를 도모하고, 외교에 있어서도 정확한 방향을 제시하였다. 이는 중국과 같이 거대한 현대 국가에 반드시 필요한 요소였다"고 그를 평가하였다.[164] 주은래는 중국의 내정과 외교 두 분야에서 모두 탁월한 능력을 보여 중국의 중대 외교 정책의 제정 및 집행에 직접 참여하였다. 그가 광범위하게 외교 활동에 참여하던 시기, 중국은 점차 국제 무대로 진입하여 대체 불가능한 역할을 담당하였다.

1954년 제네바회의, 1955년 반둥회의를 거치며 중국의 국제적 위상은 나날이 높아졌다. 이에 국제사회는 신중국의 급부상을 인지하지 않을 수 없었다. 이러한 분위기 속에서 프랑스는 신중국을 인정하고, 신중국과의 완전 국교를 실현한 첫 번째 서방국가였다. 이로써 중국이 서유럽 각국과 관계 강화를 여는 포문이 되었다. 뒤이어 네덜란드, 그리스 등 서방국가들 역시 잇따라 중국과 외교 관계를 맺어, 신중국을 고립시키고자 했던 미국의 계획을 무력화시켰다. 한편 일본 민간의 중국

---

164 曹应旺 :《中国外交第一人》, 第62页。

과 우호 움직임을 이용하여, 중국 관방과의 협력으로 중일 국교정상화를 이끌었다. 주은래의 이와 같은 세련된 외교술은 중국에게 귀중한 자산이었다.

3) 양대 외교 방침의 보편 적용성(generalizability)

1950년 대 제네바회의와 반둥회의를 거치면서 중국은 아시아 무대에서 세계 무대로 나아갈 수 있었다. 주은래는 이 회의에서 '평화공존5원칙'과 '구동존이' 방침을 제시하였고, 그 후 아시아 외교에 있어 항상 이 원칙을 견지하고 실천해 왔다. 당시 두 진영이 대립하는 시대적 배경 속에서 그의 원칙은 아시아의 국제 정세를 안정시키고, 아시아 국가들이 식민 통치에 저항하고, 독립적으로 발전을 이룰 수 있도록 힘을 불어 넣었다.

'평화공존5원칙'은 이데올로기 대립의 제약을 받지 않았다. 이는 아시아 각국 인민의 염원에 부합하고, 중국의 평화를 구현하기 위한 주변 환경 조성에 필요했기 때문에 강한 생명력을 보인 것이다. '평화공존5원칙' 또한 중국이 다른 국가들과의 관계를 처리하는 데 유용하였다. 1954년 10월, 주은래는 중국을 방문한 일본 대표단을 만나 "'평화공존5원칙'은 중국–인도, 중국–미얀마 관계에 국한되어 적용되어서는 안 된다. 이 5원칙은 아시아 전체에 적용될 수 있으며, 전 세계 각국에도 적용할 수 있다."고 분명히 말한 바 있다. 대미 관계에 대해 주은래는 "미국이 만약 평화 공존을 바란다면, 우리도 환영한다. 우리는 결코 미국을 배척하지 않는다."라고 확실히 뜻을 밝히기도 하였다.[165] 1955년 4월 인도네시아 반둥에서 아시아와 아프리카의 29개국 대표단이 모여 개최한 AA(아시아–아프리카)회의에서 '평화공존5원칙'은 더욱 보완되어 '평화공존 10원칙'으로 발전하였다. 이로써 평화공존10원칙은 국제 문제를 해결하는 데 더욱 뚜렷한 보편 적용성을 보였다.

'구동존이'는 신중국 외교를 전개하고, '평화공존5원칙'을 구현하는 데 있어 중요한 밑바탕이 되었다. 반둥회의에 참석한 아시아, 아프리카 국가는 역사적인 처지가 같고, 동일한 과제를 해결해야 했다. 즉, 식민 통치에서 탈피해 민족 독립, 경제 발전을 이룩해야 해야 하는 상황이었다. 그러나 이들 국가들은 상이한 정치 제도, 이데올로기, 종교를 가졌다. 그러나 '구동존이' 방침은 다른 제도의 아시아, 아프리카 국가들이 받아들일 수 있는, 심지어 원래 상호 적대시했던 국가도 구동존이의 전제 하에서는 상호 공존이 가능토록 하였다. '평화공존'은 각국 인민들의 공통적인 염원이며, 이 염원을 실현하기 위해서는 각국의 '구동존이' 방침에 대한 인정이 필요하였다.

이데올로기 대립이 가장 뚜렷했던 중미 양국 관계에 관해 주은래는 "중미 양국의 사회 제도가 근본적으로 다르고, 중미 양국 정부 간 상당한 이견이 존재하는 건 사실이다. 그러나 이러한 이견이 중미 양국의 주권과 영토 보전의 상호 존중, 상호 불가침, 상호 내정 불간섭, 평등호혜, 평화공존을 기반으로 구축한 정상적인 국가관계까지 저해할 수 없

165 中华人民共和国外交部，中共中央文献研究室编：《周恩来外交文选》，北京：中央文献出版社，1990年版，第92页。

고, 더욱이 전쟁을 초래해서는 안 된다"라고 주장했다.[166] 중미 공동성명의 초안 작성 시, 미국은 성명에 양측의 이견을 담지 말 것을 제안하였다. 그러나 주은래는 성명서에 반드시 근본적인 이견을 강조해야 한다고 주장했다. 그는 역발상을 통해 발생 가능한 다른 결과들로부터 추론을 진행하여 결국 적합한 방법을 도출해 냈다.

그는 상이한 입장을 분명히 밝힐 것을 주장한 원인은 다음과 같았다. 첫째, 타이완 문제와 관련하여 중국의 원칙과 입장은 흔들리지 않는다. 둘째, 말살원칙은 이데올로기 차이를 강조하는 친구에게 상처를 주기 쉽고, 동시에 다른 국가들에 착오를 불러일으키고 환상에 빠지게 한다. 셋째, 이견을 드러내고 공동 입장을 천명해야 국가 간의 평등 독립 원칙을 제대로 구현할 수 있으며, 미국과의 국가관계 정상화 표명이 미국과 정치적인 투쟁까지 배제하는 것은 아니다. "우리는 양측이 허심탄회한 의견 교환을 통해 서로 간의 이견을 명확히 하고, 상호 공통점을 찾아 양국 관계가 새롭게 시작되기를 바란다."[167]

4) 주은래 아시아 외교 이념과 실천이 주는 시사점

주은래가 서거한 지도 벌써 40여 년이 흘렀다. 시대는 변화하고 있으며, 중국의 대외 정책도 부단히 조정, 개선되고 있다. 그러나 주은래의 탁월한 외교력, 출중한 외교술, 결연한 외교 원칙은 중국이 아시아 문제를 처리하고 새로운 아시아 관계를 구축하는 데 있어 여전히 중요

166 《人民日报》, 1972年2月22日。
167 《人民日报》, 1972年2月22日。

한 영향력과 시사점을 주고 있다.

(1) '평화공존5원칙'과 '구동존이'의 현대적 의미

주은래 시대의 외교 정책은 이데올로기 색채를 강하게 띠고 있었다. 마오쩌둥은 세계를 세 개의 등급으로 나눈 바 있다. 중국은 그 중 제3세계와 사회주의 진영의 국가로, 자본주의와 사회주의 국가와의 관계는 이 시기 주은래 등 중국 지도자의 외교적 사상과 국가 이데올로기의 강약에 달려 있었다. 이렇게 복잡하게 상호 관련된 국가 간 관계는 주은래 시기의 중국 외교의 발전 방향을 제약했을 뿐 아니라, 중국의 아시아 외교 발전, 아시아 문제 처리에 대한 방안에 영향을 미쳤다. 이러한 특수한 상황 속에 주은래는 '평화공존5원칙'과 '구동존이' 원칙을 창조적으로 제시하였고, 그 원칙과 방침은 아시아 외교 발전을 촉진하였다. 중국의 국가적 이익과 아시아 기타 국가는 밀접한 관련이 있었다. 왜냐하면 중국이 향후 발전하기 위해서는 평화롭고 안정적인 주변 환경이 필수적이기 때문이다. 따라서 국가 이익을 보호하는 전제에서 정확한 외교 정책을 수립하고, '평화공존5원칙'과 '구동존이' 방침을 통해 중국과 주변 국가 간의 복잡 미묘한 관계를 처리하는 것이 당대 중국의 대 아시아 외교에 있어 필수불가결하다는 점은 분명하였다.

덩샤오핑(鄧小平)이 제시한 '도광양회(韜光養晦, 자신의 재능을 밖으로 드러내지 않고 인내하면서 기다린다), 유소작위(有所作爲, 적극적으로 참여해서 뜻대로 한다).'부터, 후진타오(胡錦濤)가 임기 내 적극적인 동맹으로 아시아 역내 협력을 확장한 것, 시진핑(習近平)의 신형대국관계 구축에 이르기까지 중국의 대외 전략의 변천 과정에서, 중국 정부는 아시아 문제 처리에 있어 '평화공존5원칙'을 중요한 원칙으로 삼았다.

(2) 부상하는 중국에게 필요한 아시아의 상호 신뢰와 선린

문화대혁명은 중국의 경제를 파괴했다. 덩샤오핑은 집권 후, 1978년 이후 중국에게 가장 중요한 임무는 경제 회복 및 발전이며, 중국은 "전심전력을 다해 건설해야 한다."는 기조를 인지하였다. '도광양회'라는 국제 전략은 바로 이러한 배경에서 탄생한 것이다. 뿐만 아니라 덩샤오핑은 국내외 정세를 분석한 이후 중국은 군사 동맹에 가입하지 않는다는 '비동맹정책'을 제시하였다. 포스트 덩샤오핑 시대에 중국의 아시아 외교는 비동맹 노선에서 동맹 노선으로 변화를 모색하였다. 중국은 아시아태평양경제협력체(APEC), 상하이협력기구(SCO), 보아오포럼(BFA) 적극 가입, '아세안 10+3' 가입, '북핵 6자회담' 등 문제의 해결을 통해 중국의 국제외교 전략은 '도광양회'에서 '유소작위'로 변화한다.

중국과 아시아 국가 간 관계는 여전히 복잡하다. 중국과 일부 아시아 국가 사이에 존재하는 이데올로기 대립으로 인해 구동존이는 다시 한 번 아시아 국가의 공존을 위한 기본 조건이 되었다. 2차 대전 당시 아시아 국가들을 침략한 일본은 역사에 대한 반성이 결여되어 있으며, 한반도 정세는 언제 긴장 국면에 접어들지 모르는 상황이다. 이런 상황은 아시아 국가들 간의 신뢰에 부정적이며, 국지적 충돌과 갈등은 항상 존재한다. 중국과 주변국 간의 관계도 분란과 화해의 반복(分分合合, 时好时坏)인 상태이다. 중일관계는 최근 일본의 우익 세력이 집권함에 따라 중일 관계는 전면 후퇴하였다.

미국은 일본, 필리핀 등 국가와 안보 조약을 맺고, 중국 및 그 주변국과의 관계에 지속적으로 개입하고 있다. 미국이 새로 수정한 미일 안보 조약을 보면 댜오위다오(钓鱼岛)를 안보 범위에 포함시킨 사실을 알 수 있다. 미국의 공개적인 지원에 힘입어 필리핀, 베트남은 남중국해

도서 귀속 문제에 있어 현재 중국과 대립하고 있다. 이는 중국의 국가 안보에 매우 심각한 영향을 미치고 아시아 정세의 불안정을 더욱 심화시킨다. 동해와 서해에서는 한미 양국이 대규모 연합 군사 훈련을 하는 등 중국을 위협하고 있다.

따라서 주은래 외교 시기의 유익한 경험을 본보기로 삼아야 한다. 먼저 중국은 '평화공존5원칙', '구동존이', '주변국과의 선린우호' 등 외교 원칙을 지속적으로 견지해야 한다. 이를 통해 아시아의 새로운 국가관계를 구축하고, 역내 더 많은 국가들의 협력 참여를 유도하며, 아시아의 안보와 안정을 함께 도모해야 한다. 그 다음으로는 중국이 국가이익을 수호에 대한 태도를 명확히 해야 한다. 예를 들어, 2014년 3월 시진핑이 베를린 연설에서 "우리는 반드시 자위방위(自卫防御)할 수 있는 국방 능력을 갖춰야 한다. 중국의 주권과 영토보전에 관계되는 중대 원칙 문제에 있어 우리는 먼저 문제를 일으키지는 않을 것이다. 그러나 우리는 문제를 두려워하지도 않는다. 중국의 정당한 합법적 권익을 반드시 수호할 것이다."라고 천명한 바 있다. 이는 중국이 신형 대국관계 구축, 아시아 문제 참여 시 반드시 명확히 밝혀야 하는 외교적 태도이기도 한다. 평화공존의 원칙을 기초로 아시아 각국이 상호 신뢰를 강화하고, 적절한 방식으로 아시아 국가 간의 충돌과 갈등을 해결하여 건강한 아시아 국제 질서를 구축해야 할 것이다.

제Ⅳ부

양안관계와 남북한관계의 비교론적 함의

제10장
양안관계와 남북한 관계 비교 분석

이춘복(李春福) | 남개대 주은래정부관리학원 교수

1. 서론

양안관계[168]와 남북한 관계는 분단배경이나 관계의 발전과정, 국제적 지위와 역할 등 면에서 근본적인 차이를 노정하고 있다. 우선, 남북한은 2차 대전 이후 독일, 베트남, 예멘과 같이 자유주의와 사회주의 간 정치적 이념대립 즉 국제적 요인으로 분단 상황에 놓이게 되었다. 반면 양안관계는 국공 내전을 통해 분단되어 각기 사회주의체제와 자본주의체제를 선택하였다.[169] 이러한 분단의 국제적 성격과 국내적 성

168 양안관계는 기본적으로 1949년이후 타이완해협을 사이에 둔 중국 대륙(중화인민공화국)과 타이완 간 관계를 지칭하고 있다. 용어에서도 알 수 있듯이 중국 대륙이나 타이완의 현 집권 국민당을 비롯하여 양측 관계를 독립된 국가와 국가 간 관계로 인식하지 않고 양안관계(중국-타이완 관계 아님)로 표현하고 있다. 대륙(중화인민공화국)에서는 통일문제를 포함하여 양안문제와 관련한 모든 문제를 '타이완문제'라고 지칭하고 있다.

169 물론 남북한 단독정권이 김일성과 이승만이라는 좌우 양 극단적 지도자에 의해

격은 양자 간 상호인식과 정책에 큰 영향을 미치고 있다. 기존연구는 이러한 차이점에 주목하여 남북한과 동서독, 예멘 등 분단국가를 비교한 연구는 많으나 양안관계와 비교연구는 적었던 것이 사실이다.

그러나 양안관계와 남북한관계는 장기간 이념대립과 체제경쟁을 겪었었고, 현재까지 정치, 군사, 이념적으로 대립하고 있으며, 정도의 차이는 있지만 나름대로 상대에 대한 통일과 통합을 추구하고 있는 "상호경쟁적인 분단실체"[170] 라는 점에서 유사하다. 특히 탈냉전 기 기타 분단상황에 놓인 국가들이 이미 통일을 이룬 상황에서 여전히 분단되어 있다는 점이 더욱 그러하다. 본고는 이러한 공통점에 주목하여 주로 상대방에 대한 상호인식과 관계설정에 초점을 맞추어 두 양자관계를 비교 분석하고자 한다.

2. 분단국가와 분단실체

2차 세계대전 이후 분단상황에 놓인 국가들은 크게 분단국가와 분단실체로 나눌 수 있다. 양자의 가장 중요한 차이점은 경쟁하는 '두 개의 분단실체'가 국제적으로 동등한 국제법적, 주권적 지위를 취득하는가 여부이다. 남북한과 동서독, 월남–월맹의 공통점은 주로 국제적 요인

독점되는 국내적 요인, 국공 내전이 미국의 국민당 지원과 소련의 중화인민공화국 승인이라는 국제적 요인과 결부되어 발생했다는 점을 부인할 수 없다. 김국신 외 『분단극복의 경험과 한반도통일 I, II』(서울: 한울, 1994).

170 본고에서는 분단국가(divided nation) 대신 분단실체라는 용어를 사용하고자 한다. 분단국가와 분단실체의 개념과 차이에 대해서는 2장에서 설명한다.

으로 분단되었고, 분단으로 생성된 두 개의 정치실체가 국제적으로 공인을 받음으로 분단(주권)국가로 거듭나게 되었다.[171]

반면 양안관계의 경우 대륙(중화인민공화국)과 타이완(중화민국) 두 분단실체는 1949년 국공 내전으로 인해 분단되었고, 양자는 국제법적으로 주권적 지위 면에서 상호배타적이고 비대칭적이다. 대표적으로 1971년 대륙의 유엔에서 의석회복은 타이완이 유엔에서의 축출을 의미하는 것이었고, 미국, 일본이 대륙과 수교는 타이완이 이들 국가와 즉시 단교를 의미하는 것이었다. 대륙은 타이완문제를 '중국의 내정문제'로 귀결시키는데 있어 국제적으로 외교 승인을 받게 되었고, 심지어 당시 국민당 정부도 '하나의 중국'을 주장함으로써 '하나의 중국, 하나의 타이완(一中一台)'이나 '두 개의 중국(两个中国)'에 대한 주권 논쟁은 존재하지 않았다. 따라서 양안관계는 시종 주권과 통치권 간 부조리가 초래 되였다. 현재 대륙은 비록 통치권이 타이완에 미치지 않지만, 주권문제에 있어 국제적으로 타이완을 중국의 일부로 편입한 것을 인정받고 있는 것이다.

결론적으로 물론 분단실체인 양안관계에도 "상호 경쟁적인 분단정치실체"가 존재하고, 분단국가와 유사하게 모두 "자신이 유일한 합법정부"라고 주장하나 국제적인 승인과 주권적 지위 면에서 상호 배타적이고 비대칭적 관계를 유지하고 있는 것이 특징이다.

---

171 분단국가에 대해 일본학자 小谷鶴次는 분단국을 "2차 대전 후에 있어서 종래의 국가 또는 새로이 독립한 국가 내부에 두 개의 정부가 대립하여 각각 그 정부를 근간으로 하는 국가를 유지 또는 수립하려 하여 비교적 장기에 걸쳐 분열상태를 지속하고 있는 것"이라고 정의하고 있다. 분단국가의 개념에 대해서는 小谷鶴次, "分裂国と國際法の適用" 國際法外交雜志 제71권2호, 1972), p.4.

3. 양안관계: "하나의 중국(一個中國)" 틀

양안관계는 기본적으로 1949년 국민당정권(중화민국)이 대륙에서 패망하여 대만으로 이전하면서 파생된 문제이다. 따라서 양안관계의 핵심은 '하나의 중국'에 대한 규범적 정의이다. 즉 대륙의 중화인민공화국과 타이완의 중화민국 사이 누가 중국을 대표하는 유일한 합법정부 인가이다. 이와 관련 양안 간 상호인식은 과거 장제스, 장징궈 시대 국민당 집권 시기 비록 중국의 의미와 통일의 주체에 대한 인식의 차이가 있었을 뿐 하나의 중국과 통일의 당위성에 대한 논쟁은 존재하지 않았다.[172] 2000년 민진당 집권 이후 '하나의 중국', 하나의 타이완(一中一台)을 추구하면서 양안 간 갈등이 불거지고 있지만 민진당 집권 8년을 거치면서 양안관계는 역설적으로 안정기에 진입하였다고 볼 수 있다. 그 이유는 두 가지를 들 수 있다. 첫째, 마잉주 정권 등장 이후 '불통, 불독, 불무'(不统, 不独, 不武)의 양안정책을 추진하고 양안경제협력기본협정(ECFA)를 체결하면서 양안관계는 안정적인 궤도에 진입하였다. 둘째, 민진당도 2012년 '타이완 컨센서스(台湾共识)'의 양안정책이 대선 패배 이후 현재 '현상유지론'의 양안정책으로 전환하였고, 그런 의미에서 현재 양안관계에서 "하나의 중국(一個中國)" 분석틀은 여전히 유효하다.[173] 1990년대 이후 20여년간 세 차례 논쟁 즉 양안 간 '92컨센

---

172 장제스 시대 반공대륙(反共大陸)의 무력통일에서 장징궈 시대 '3민주의 통일'의 평화통일로 변화가 있었다.

173 물론 현재 민진당 후보의 '현상유지론'이 마잉주의 양안정책과는 '하나의 중국'에 대한 해석이 상이하지만 과거 민진당의 '대만독립주장'과 비교할 때 상당부분 온건노선으로 전환했다고 평가할 수 있다.

서스'를 둘러싼 논쟁, 2000년대 민진당 내 '타이완독립 동결(凍獨)'논쟁, 미국 내 '타이완포기론(棄臺論)'은 모두 이를 둘러싸고 진행되었다.

우선, 대륙의 입장에서 모택동 시기 '하나의 중국'원칙은 '세계는 하나의 중국이 있고, 타이완은 중국의 일부분이며, 중화인민공화국은 중국의 유일한 합법정부이다'라는 의미를 내포하고 있다. 개혁개방시기 제기된 '일국양제(一國兩制)'는 '하나의 중국, 두 가지 제도'를 의미하는데 구체적으로 '중화인민공화국 내에서 대륙은 사회주의를 견지하고, 타이완, 홍콩, 마카오는 자본주의제도를 유지한다'는 것을 골자로 하고 있다.

1992년 11월 양안 간 발표된 '92컨센서스(九二共識)'은 양안 관계를 설명하는 중요한 개념으로, 대륙의 해협양안관계협회(해협회)와 타이완의 해협교류기금회(해기회)가 홍콩에서 합의한 내용이다.[174] 타이완이 대륙이 제기한 '하나의 중국'이라는 원칙을 받아들이지만 그 해석은 대륙과 타이완이 각자 스스로 한다는 것을 골자로 하고 있다. 92컨센서스를 통해 양안의 대립과 군사적 충돌을 피하고 경제 교류를 확대하는 현실적인 방안으로 양안 관계는 진전을 모색하게 된다.

1998년 12월 31일 후진타오는 연설에서 처음으로 '하나의 중국 분석틀(一個中國框架)'를 제기하였다. 그 요지는 "1949년이후 대륙과 타이완은 비록 통일을 실현하지 못하였지만 이는 중국영토와 주권의 분열이 아니라 1940년대 중반기 이래 중국 내전의 유산이 지속되는 정치

174 92컨센서스의 중요한 특징은 공식적인 문서합의가 아닌 구두합의였다는 점이다. 이 점은 2000년 타이완 독립을 주장하는 민진당이 집권하면서 92컨센서스 자체를 부인하는 논쟁으로 이어졌지만, 양안 간 사실상 서로 실체를 인정하고 평화공존의 관계를 구축하는 시작이었다는 점에서 그 의미를 찾을 수 있다. 이는 이후 국민당정권 양안정책의 토대가 되었다. 李义虎 "一个中国原则和92共识仍是两岸关系转圜的关键"《国际政治研究》2001.

적 대립이다. 이는 대륙과 타이완이 모두 하나의 중국에 속한다는 사실을 바꿀 수 없다" 즉 "비록 아직 통일되지 않았지만 분열은 없다"는 주장이다.[175]

'하나의 중국'틀이 이론으로 격상된 것은 18차 당대회 보고이다.[176] 이 보고에는 타이완독립을 반대하고 92컨센서스를 견지하여 '하나의 중국' 틀에 대한 인식을 공동으로 지키고 구동존이의 정신에 입각할 것을 호소하고 있다. 이와 같이 '하나의 중국원칙', '일국양제', '92컨센서스', '하나의 중국 틀'은 대륙이 다른 시기 양안관계를 처리하는 기본원칙이라고 할 수 있다.[177] 2013년 6월 13일 있은 시진핑과 타이완 국민당 주석 우버슝(吳伯雄)과 회담의 가장 큰 성과는 '하나의 중국'틀에 대해 공동인식을 들 수 있다.[178] 우버슝은 '92컨센서스를 견지'하고 '타이완독립을 반대'하는 것은 국공양당의 일치한 입장이라고 강조하면서 양안 현재 모두 법률적, 체제적으로 모두 '하나의 중국'원칙을 실행하고 있고, 양안 모두 나라 간 관계가 아닌 '하나의 중국'틀로 양안관계를 관계설정하고 있다는 국민당의 입장을 천명하였다.

'하나의 중국' 틀은 대륙과 타이완에서 각기 다른 제도와 헌법에 의

175 《纪念《告台湾同胞书》30周年 胡锦涛发表重要讲话》, http://news.xinhuanet.com/newscenter/2008-12/31/content_10586479_1.htm(검색일: 2015년 1월 18일).

176 胡锦涛 "坚定不移沿着中国特色社会主义道路前进 为全面建成小康社会而奋斗" http://news.xinhuanet.com/18cpcnc/2012-11/15/c_113700459.htm(검색일: 2015년 1월 19일).

177 邵宝明 :《一中框架理论初探》, 载《当代社科视野》2014年第9期.

178 《新华网》《中共中央总书记习近平会见中国国民党荣誉主席吴伯雄》2013年06月13日. http://news.xinhuanet.com/politics/2013-06/13/c_116137343.htm(검색일: 2015년 1월 20일).

해 보장되고 있다. 대륙에서 “중화인민공화국헌법”과 “반국가분열법”, 타이완에서 “중화민국 헌법”과 “양안인민관계조례”, 그리고 “국가통일강령”에 의해 지켜지고 있다. 본토 국민당의 리덩후이나 천슈이벤 집권 시 헌법이나 국가통일강령에 대한 수정을 이루지 못하였다는 점에서 정책적 레토릭에 상관없이 ‘하나의 중국’원칙을 보장하는 제도는 계속 되어 왔다고 주장할 수 있다.[179]

결론적으로 양안의 법률이나 헌법을 비롯한 기본제도에 “양안이 모두 하나의 중국”이라는 점에 대한 인식은 명확한 것이고, 대륙과 타이완 헌법, 그리고 국제사회에서 ‘하나의 중국원칙’을 승인 등에 비추어볼 때 비록 ‘하나의 중국’에 대한 해석과 주체, 실현방식이 다르더라도 ‘양안1국’－헌법에 대한 컨센서스(憲法共識)’는 존재한다고 볼 수 있다. 현재 양안의 분단과 각자 분할통치는 역사적 유산으로서 양안 간 여전히 정전협정이나 평화협정이 맺어져 있지 않고, 법리적으로 여전히 내전 상태의 종결이 아닌 연장선으로 볼 수 있다는 점에서 ‘하나의 중국’틀이 유효하다고 할 수 있다. 또한 정경분리－정치와 비정치 분야의 분리를 통한 교류협력의 활성화는 양안관계 개선에 질적인 변화를 초래한 가장 근본적인 원인이다. 특히 1987년 타이완이 허용한 대륙 내 친척방문 즉 탐친(探親)으로 시작된 양안의 인적 교류는 경제, 사회, 문화교류 등 다양한 민간차원의 교류협력을 확대하여 양안관계 발전의 견인차 역할을 하였다. 정경분리에서 양안 교류는 정치적 영향을 크게 받지 않

179 최근 민진당내 셰창팅(谢长廷) 등은 헌법1중(憲法一中, 하나의 미래헌법 아래 하나의 중국 주장)이나 “헌법컨센서스(憲法共識)” 등에도 ‘하나의 중국’틀 요인을 발견할 수 있다.

고 꾸준히 발전해온 특징이 있다.

4. 남북한관계: 잠정적 특수공존관계[180]

남북한관계는 기본적으로 1945년 일본이 패망하고 일본의 식민지였던 한반도를 미국과 소련이 38선을 그으면서 비롯된 국제적 분단의 성격이 강하다. 이러한 미국과 소련의 분할점령으로 인한 남북한 지리·영토적 분단은 1948년 남과 북에 각기 다른 정부가 들어서면서 정치·제도적 분단으로, 1950년 6·25전쟁을 거쳐 민족적 분단으로 고착되었다.

남북한관계는 이승만 시기 무력통일인 북진통일, 북한은 적화통일('남조선해방논리')을 주장한바 있다. 즉 상대의 체제와 이념을 인정하지 않고 통일의 대상으로 간주한 것이다. 외교적으로 한국은 북한을 인정하지 않고 할슈타인 원칙((Hallstein Doctrine)[181]을 실시하였고, 북한도 '하나의 조선'원칙으로 남한과 수교한 국가와의 국교와 공식외교관계를

180 1991년 12월 13일 체결된 "남북사이의 화해와 불가침 및 교류협력에 관한 합의서" 서문에는 "남북한관계를 통일을 지향하는 과정에서 형성된 잠정적 특수 공존관계" 로 규정하고 있다.

181 할슈타인 원칙은 1950년대부터 1960년대의 구 소련을 제외하고 동독정부를 승인하는 어떤 나라와도 외교관계를 맺지 않는다는 서독의 외교정책을 말한다. 서독만이 자유선거를 통해 정부를 설립한 독일의 유일한 합법국가이므로 동독정부를 인정하는 나라와는 외교관계를 단절하겠다는 서독의 동독 대응 외교정책이다. 1955년 9월 당시 외무장관인 W. 할슈타인이 이 원칙을 표명했기 때문에 그의 이름을 따서 할슈타인 원칙이라 일컫는다. 하지만 이 원칙은 1967년 루마니아와의 국교정상화로 인해 사실상 폐기되었다.

거부하였다.[182]

그러나 1970년대 들어 박정희 정부는 닉슨 독트린 등 데탕트 영향에 직면하여 할슈타인 원칙을 폐기하고 남북대화의 가능성을 열었다. 북한도 마찬가지이다. 남북한 간 도발을 금지하고 다방면적 교류를 합의한 7·4남북공동성명이 대표적이다. 탈냉전 이후 1991년 남북한 유엔 동시가입은 남북이 유엔이라는 국제사회에서 동등한 주권국가로 되었음을 선언하는 것이었다. 특히 1992년 2월 19일 발효된 남북기본합의서에는 남북한 간 상대방의 체제 인정 및 비방, 중상 파괴, 전복 금지 등 상호 간 체제 인정과 '통일을 지향하는 과정에서 잠정적으로 형성된 특수한' 공존관계를 유지할 것을 합의한 것이라고 볼 수 있다.

또한 2000년 6월과 2007년 10월 김대중대통령과 노무현대통령이 평양을 방문하여 김정일 국방위원장과 남북정상회담을 가진 것은 남북한 간 체제인정에 대한 재확인이라고 볼 수 있다. 이는 남북 모두 공히 남북한 평화공존정책을 사실상 추진하고 있다고 볼 수 있다. 남북관계는 비록 쌍방 헌법에서 상호 배타적이고 상대를 인정하지 않고 있지만 실제로는 동등한 정치적 실체로서 지위를 상호 인정하고 있는 관계이다.

반면 남북관계에서 비정치 민간차원의 교류협력은 정치관계의 영향을 크게 받고, 규모나 수준에서 양안관계에 비해 크게 못 미치는 것이 사실이다. 양안관계에서 비정치 민간부분의 교류협력이 지속적인 관계발전의 주요 원동력으로 됐던 반면, 남북관계는 정치적 관계에 따라 남북한 간 교류협력의 폭과 수준이 파동을 거듭하였다.

1987년 정치적 민주화 이후 한국의 역대 정부는 북한을 동반자로 규

182 경남대학교 북한대학원 저, 『남북한 관계론』 (서울: 한울, 2009).

정하여 남북대결이 아닌 포용정책을 실시함으로써 남북한관계는 전반적으로 개선되고 발전하였었다.[183] 1988년 북한을 동반자로 규정한 7·7선언은 남북대결이 아닌 대북포용을 가능케 한 첫 번째 공식문건으로서 이로써 남북경협이 시작되었다.[184] 20년을 거치면서 남북한의 화해협력과 교류증대는 이미 되돌리기 힘들 정도로 일정한 궤도에 올랐다. 2008년 말 남북교역이 18억 2천만 달러를 넘어섰고 한국은 중국에 이어 북한의 가장 큰 교역 대상국으로 자리매김하고 있으며 북한의 대남 의존도는 36%를 넘어서고 있다.[185] 개성에서 일하는 북한 근로자가 3만 8200명이 일하고 있다. 1998년 시작된 금강산 관광은 2008년 7월 박왕자 씨 피격사건으로 중단되었지만 2007년에는 금강산을 방문한 관광객이 무려 35만 명에 달하였다.

183 이 부분은 "이명박 정부의 대북정책-평가와 전망" (2009) pp.12-13을 재구성한 것임.

184 전문은 "민족자존과 번영을 위한 대통령특별선언"으로서 1988년 7월 7일 노태우(盧泰愚)대통령이 발표한 북한·중국·소련에 대한 개방정책을 표명하는 6개항의 대북정책을 말한다. 자주·평화·민주·복지의 원칙에 입각하여 민족구성원 전체가 참여하는 사회·문화·경제·정치공동체를 이룩함으로써 민족자존과 통일 번영의 새 시대를 열어 나갈 것을 천명하고, 다음과 같은 6개항의 실천방안을 제시하였다. ① 남북동포간의 상호교류 및 해외동포의 자유로운 남북왕래를 위한 문호 개방, ② 이산가족의 서신왕래 및 상호방문 적극 지원, ③ 남북간 교역을 위한 문호 개방, ④ 비 군사물자에 대한 한국의 우방과 북한간의 교역 찬성, ⑤ 남북간의 소모적인 경쟁대결외교 지양 및 남북대표간의 상호협력, ⑥ 북한과 한국 우방과의 관계 개선 및 사회주의 국가와 한국과의 관계 개선을 위한 상호협조를 할 의사가 있음을 밝혔다. 노태우 정권의 통일외교정책의 기본방향을 제시한 이 선언은 한편으로는 북한을 적대적인 경쟁상대로 인식하지 않고 적극적인 대북협력의지를 표명하면서 각종 대북제의에서 항상 수반되었던 전제조건을 달지 않았다는 점에서 획기적인 조치로 평가되었다.

185 "남북경협… 88년 단순교역 시작 18억弗규모 발전,"『서울경제』, 2009년 2월 5일.

그러나 2008년 2월 이명박 정부가 출범하면서 남북한관계는 경색되다가 중단되고 천안함, 연평도 사건을 거치면서 더욱 악화되어 거의 단절의 수준의 최악 상황을 맞았다. 실제 2010년 3월 천안함 사건 이후 취한 5·24조치로 남북경협이 중단되면서 개성공단을 제외한 남북한 교역, 교류는 심각한 상황을 맞이하게 되었다. 금강산 관광은 중지되었고 이산가족상봉도 사실상 중단되었다. 박근혜 정부 들어 간헐적으로 이산가족 상봉이 이루어지고 있지만 여전히 2015년 현재까지 5·24조치가 해제되지 않아 민간차원의 교류협력의 폭은 상당히 제한되어 있는 상황이다.

결론적으로 남북한 관계는 국내 헌법적으로 '통일을 이룩하는 대상'으로서 상대의 정치적 실체를 인정하지 않지만, 정전협정이 체결되어 전쟁의 일시 중지 상태에 놓여 있는 상황으로서 실제로 서로를 인정하고 평화공존을 추구하고 있다. 국제적으로 유엔회원국으로서 각자 독립된 주권국가로서 국제적 인정과 주권을 행사하고 있다. 그러나 교류협력 면에서 남북한 비정치 민간교류는 정치관계가 민간교류를 압도함으로 정치관계의 영향을 크게 받고 탄탄하지 않다. 남북한 정치관계가 순조로울 때 민간교류와 협력, 경제교류가 활발하지만 그렇지 않을 때 어려움을 겪는 정치분야 협력이 민간 분야를 견인하는 형국이다.

5. 결론: 비교분석적 함의

이상 분석한바 같이 양안관계와 남북한관계는 정치, 군사, 이념적으로 대립하고 있지만 나름대로 상대에 대한 통일과 통합을 추구하고 있는 "상호 경쟁적인 분단실체" 라는 점에서 모두 과도기적인 이중성 특징을 지니고 있다. '남북한 간 잠정적 특수공존관계'나 양안 간 '92컨센서스'는 모두 이를 반영하고 있다.

양안관계와 남북관계는 교류협력의 현황과 주체 면에서 공통점과 차이점을 보이고 있다. 우선, 교류협력 면에서 남북한 간 주체는 정부이고, 남북한 간 민간차원의 교류협력은 정치관계의 영향을 크게 받고, 규모나 수준에서 양안관계에 비해 크게 못 미치는 것이 사실이다. 반면 양안관계 교류협력의 주체는 비정치 민간 분야이고, 민간 분야 교류협력의 발전이 정치 분야의 협력을 견인하고 있다. 양안관계에서 비정치 민간 부분의 교류협력이 지속적인 관계발전의 주요 원동력으로 됐던 반면, 남북관계는 정치적 관계에 따라 남북한 간 교류협력의 폭과 수준이 파동을 거듭하였다.

북한은 현재 남한과의 압도적인 경제력 차이, 폐쇄적인 정치체제 속성으로 체제적 불안감을 안고 있고, 교류협력에 사실상 적극적이지 않다. 양안관계의 사례에서 보듯 남북한 관계 실질적 개선을 위해 남북한 간 교류협력의 활성화가 필수적이다. 이를 위해 한국의 입장에서 북한을 대화의 상대로 인정하고 북한 당국의 우려를 줄이기 위해 정경분리를 통해 남북한 교류협력을 비 정치, 민간 차원으로 한정 짓고 꾸준히 추진하는 것이 필요하다.

그런 점에서 현재 양안 관계의 발전은 남북한 관계에 큰 시사점을 제공하고 있다. 2008년 마잉주 정권 등장이후 타이완과 대륙은 서로의 차이점은 제쳐두고 공동이익을 추구하는 구동존이의 정신, 타이완의 선이후난(先易後難)과 선경후정(先經後政)의 정경분리원칙과 대륙의 이경제정(以經制政경제로 정치를 압도하는)과 선양후요(先讓後要 먼저 양보하고 나중에 얻는 것, 이는 햇볕정책의 선공후득 원칙과 일치함)의 원칙이 맞물리면서 양안관계는 큰 발전을 이룩하였다.

마잉주 정권은 양안관계에 한국의 '햇볕정책'을 도입하였는데 통상·통항·통우(체신)의 '대3통'을 허가하였고, 대륙인 개인의 대만관광까지 허용하였으며, 2010년 대륙과 경제협력기본협정(ECFA)를 체결해 경협을 지원하였다. 2014년 현재 교역과 투자 등 경제협력 활성화로 양안 간 30여편으로 시작한 정기항공노선이 현재 8백여편 운항되고 있으며 왕래인원은 연 8백여만명에 달하고 있다. 현재 양안 간 우편, 전화, 송금 등이 자유롭고 8만여개의 대만기업이 중국에 진출해 있으며, 2백만명이 넘는 대만인이 대륙에 상주하고 있다. 대륙 역시 경제적 교류를 통해 정치적/법적 통일보다 '사실상의 통일'(이는 김대중 정부의 3단계 통일론의 주장과 일맥상통) 정책을 추진해 나가고 있다. 양안관계 발전경험이 남북한관계의 향후 발전방향에 분명 시사점이 있고 향후 남북한관계에도 구동존이와 햇볕정책의 사상이 빛을 발하면서 한반도와 평화와 번영이 깃들기 바라는 바이다.

본고에서는 두 양자관계에 큰 영향을 미치는 외부 요인으로서 미국요인을 분석하지 않고 있다. 양안관계와 남북한 관계 모두 체제의 통합과 관련하여 통일문제가 '당사자 원칙'에 근거하여 자주적인 해결을 표방하고 있음에도 실제는 미국요인이 강하게 작용하고 있다. 구체적으로 양안관계 및 타이완문제에서 미국은 타이완과 대륙에 대해 '독립억지(抑獨)'와 '통일방지(防統)'의 현상유지정책을 구사하고 있고, 남북한관계에서 '전쟁방지(防戰)'과 관계완화억지(抑和)의 전략적 긴장의 현상유지정책을 실행하고 있다. 또한 북한이 UN회원국으로서 국제사회의 주권국가임에도 미국과 일본에 인정받지 않는 국제적 지위와 실질적

대우 간 괴리가 존재하는 반면, 타이완은 국제사회에서 독립적인 구성원으로서 자격을 공식적으로 인정받지 못하지만 미국은 '타이완관계법'과 기타 관계를 통해 실질적인 구성원으로 인정하고 있다. 이는 미국이 자신의 전략적 이해에 기반한 것으로서 향후 이에 대한 추가적인 분석이 필요하다.

■ 참고문헌

김국신 외. 『분단극복의 경험과 한반도통일 I, II』 서울: 한울, 1994.

경남대학교 북한대학원. 『남북한 관계론』 서울: 한울, 2009.

"남북경협… 88년 단순교역 시작 18억弗규모 발전." 「서울경제」 2009년 2월 5일.

"남북사이의 화해와 불가침 및 교류협력에 관한 합의서" 1991년.

"민족자존과 번영을 위한 대통령특별선언" 1988년 7월 7일.

邵宝明. 《一中框架理论初探》, 载《当代社科视野》2014年第09期.

钱其琛.《外交十记》北京：世界知识出版社, 2003年.

《纪念《告台湾同胞书》30周年 胡锦涛发表重要讲话》

http://news.xinhuanet.com/newscenter/2008-12/31/content_10586479_1.htm(검색일: 2015년 1월 18일).

《新华网》《中共中央总书记习近平会见中国国民党荣誉主席吴伯雄》2013年 06月 13日.

http://news.xinhuanet.com/politics/2013-06/13/c_116137343.htm(검색일: 2015년 1월 20일).

胡锦涛.《坚定不移沿着中国特色社会主义道路前进　为全面建成小康社会而奋斗》

http://news.xinhuanet.com/18cpcnc/2012-11/15/c_113700459.htm(검색일: 2015년 1월 19일).

《纪念《告台湾同胞书》30周年 胡锦涛发表重要讲话》

제11장

양안관계와 남북한관계 비교: 중국적 시각[182]

황하이타오(黃海濤) | 남개대 주은래정부관리학원 강사

국제법에서 보면 양안관계와 남북한관계는 그 본질적 속성이 완전히 다르다. 양안은 모두 중국에 속하고, 양안관계는 법리학적으로는 '아직 통일되지 않은 국가' 상태에 속하는 것이고, 중국과 타이완은 종래로 독립적인 주권국가 간의 관계가 아니었다. 한국과 북한의 관계는 '하나의 민족, 두 개의 국가'에 속하고, 양국은 모두 UN의 회원국이며, 남북한관계는 국제법에 의해 인정된 국가 간의 관계이다. 타이완해협 양안과 한반도 남북 양측을 특정한 경쟁성을 가진 정치 실체(rival political entities)로 본다면 이 두 관계는 비교해볼 가치가 있다고 생각된다. 이 글에서는 경쟁적인 정치 실체의 관계 완화 및 대항에 영향을 주는 원인이 무엇인지에 대하여 연구해보고자 한다. 경쟁적

186 이 글의 초고는 한국 연세대에서 주최한 '김대중과 주은래의 외교사상 학술회의'의 발표문이다. 문정인(文正仁) 교수와 쉬싱(徐行) 교수의 질타와 제의에 감사드린다.

정치 실체는 주권 귀속문제에 있어서 존재하는 사실상의 분쟁(de facto disputes)을 말하는 것이다. 양측은 정치과정 중에서 모두 '분열과 통일'이라는 중요한 문제에 부딪치게 되는데, 서로 상대방을 정권 통일의 대상인 정치실체로 간주하는 것을 말한다. 만약 이러한 방식으로 양안관계와 남북한관계를 설정한다면 양자는 아마 찾기 힘든 '가장 유사한 사례(most similar cases)'가 될 것이다. 따라서 이 글의 근본적인 목적은 경쟁적 정치 실체 관계의 이론 가설을 제기하거나 검증하고자 하는 데 있는 것이 아니다. 대신 이 두 가지 관계에 대한 비교연구를 통해 역사의 수직적 비교와 수평적 분석을 운용하여 경쟁적 정치 실체 관계의 변화를 가져오게 된 일반적 양식을 밝혀보고자 하는 것이다. 특히 양안관계와 남북한관계에 영향을 주는 중요한 요소들과 운행 방식에 대하여 제대로 살펴보고 이를 바탕으로 하여 중국이 평화통일의 조건을 이끌기 위하여 어떠한 정책을 만들어갈 것인가에 대하여 연구에 초점을 두고자 한다.

1. 양안관계와 남북한관계의 발전추세와 기본형태

1) 양안관계와 남북한관계의 형성

양안문제와 남북한문제의 형성에는 서로 관련을 맺고 있다. 결국 두 문제는 동아시아 냉전 체제가 남긴 구체적인 체현이라고 할 수 있다. 따라서 현재의 양안문제와 남북한문제를 '냉전의 흔적(冷戰遺跡)'으로 봐도 좋을 것이다.

양안문제는 중국의 내전이 지속된 것과 연관이 있고, 초기의 형성 후 고정화된 것은 미국과 러시아 초강대국의 냉전 상황과도 직접적인 연관이 있다. 중미관계의 입장에서 보면 미국은 중국 내전 시기에 '장제스를 돕고 공산당을 반대하는(扶蔣反共)'는 정책을 고수하였기 때문에 미국이 중국공산당과 정상적인 관계를 맺을 수 있는 바탕을 무너트린 것을 본다. 마오쩌둥과 주은래 등 중국 지도자들은 러시아 사회주의 진영에 일변도인 전략 기획과 건국 방침을 채택하였다. 국민당 부대가 연속 패퇴하자 미국 정부는 사태가 진정되길 기다리는 소극적인 대중국 정책을 통해 중국이 러시아 진영에 일방적인 외교를 행사하는 것을 제지하고자 하였다. 1950년 1월, 해리 트루먼(Harry Truman)과 딘 애치슨(Dean Acheson)은 잇따른 연설에서 타이완과 한국은 미국의 극동 방어선 내에 있지 않다고 선포하였다. 미국과 공개적인 충돌을 피하는 것이 스탈린 러시아의 중요한 전략이었다. 러시아는 심지어 중국 인민해방군이 장강(長江)을 건너는 군사 행동이 미국의 간섭을 초래할까 걱정하기도 하였다. 따라서 중국공산당이 타이완 해방을 위해 러시아 측에 수차례 직접적인 해군 지원을 요청했지만 거절당하였다.

1950년 2월, 중러 동맹관계가 확립됨에 따라 미국의 중국에 대한 정책에 –특히 타이완을 방어하지 않는 입장– 변화가 있었다. 그해 4월, 미국 국가안전보장회의 제68번 문건(NSC68)에서 '전면적, 무차별적 억제'라는 개념을 제시하고 전 세계 어디든지 '공산주의 위협'이 생기는 곳이면 억제정책을 실시한다고 밝혔다. 그 해 6월 한국전쟁이 발발하자 미군은 인천으로 상륙한 후, 미국 제7함대를 타이완해협에 진주(進駐)시켰다. 마오쩌둥의 강력한 주장으로 중국인민지원군은 북한을 지원하여 참전하였으나 사실 이는 스탈린의 최초 전략을 지지하는 것이었다. 이러한 일련의 사건들은 세력을 모아 타이완을 해방시키려는 기도를 중단시켰다. 동시에 타이완은 더글러스 맥아더(Douglas MacArthur)가 '가라앉지 않는 항공모함'에 비유하며 미국의 동아시아 억제정책 실행에 중요한 전략 지점이 되었다.[187] 이로써 양안문제가 파생된 것이다.

남북한문제는 외부세력이 강제 개입된 결과라고 할 수 있다. 한반도 분열의 직접적인 원인은 전쟁이 끝난 후 미국과 러시아가 자신들의 활동범위를 구분하려다 생긴 데 있다. 원래 북한을 독점할 수 있었던 러시아는 양보를 통해 일본의 홋카이도 점령에 미국의 동의를 받으려 했다. 따라서 러시아는 딘 러스크(Dean Rusk)를 포함한 인위적인 북위 38도선을 받아들여서 남북한 대치된 국면이 형성된 것이다. 미국과 러시아의 대립에서 러시아의 지지를 얻은 김일성은 무력으로 민족 통일을 완성하려고 시도하였다. 한국전쟁이 발발한 후 중국, 미국과 러시아는 한반도에서 힘을 겨루는 주요 역할을 담당하게 되었고 북한과 한국의 분열은 앞서 서술한 강대국의 대결로 인하여 결정된 것이었다.

2) 냉전시기의 양안관계와 남북한관계

냉전기간의 양안관계와 남북한관계의 성질은 상대적으로 확정되었

---

187 기존 연구는 이를 모두 한국전쟁 발발 때문이라고 여겼다. 특히 미국 제7함대가 타이완해협에 주둔한 후에 중국인민해방군이 군사행동을 중단하였다. 그러나 중국, 미국, 러시아 국가 문서의 보안 규정이 해제되면서 실질적으로 무력으로 타이완을 해방할 수 없게 만든 근본적인 원인은 중러동맹조약의 체결로 보고 있다. 沈志华著：《无奈的选择：冷战与中苏同盟的命运(上册)》，社会科学文献出版社，第197页。

다고 볼 수 있다. 당시를 관통하는 주요 문제는 양안 간, 남북한 간 관계 모두 대립하였다는 것이다. 양측은 서로 상대방을 '비정통' 정권으로 여기고 있었다. 상호 신뢰가 무너지고, 무력으로 통일을 추진하는 것을 중요한 정책으로 택하였다. 아주 오랜 기간 동안 양안관계와 남북한관계는 동아시아에서의 양 진영의 적대적 관계를 보여주는 대표 사례였다.

이렇게 존재하는 양 국면은 1980년대부터 양안관계가 대립에서 완화로 뚜렷한 변화를 보이게 되었다. 이는 중러관계가 분열되고 중미관계가 정상화된 데 있다고 보면 된다. 중미 양국이 70년대 초에 관계 정상화를 실현함에 따라 양 진영관계에 속하던 양안 쟁탈과 대항관계는 더 이상 구조적 추진력을 갖지 못하였다. '문화대혁명'이 끝나고 당중앙위원회 제11기 제3차 전체회의에서 경제건설을 중심으로 하여 개혁개방을 실행하는 정책을 결정하였다. 1979년 새해, 전국인민대표대회 상무위원회에서 『타이완동포에게 고하는 글(告台灣同胞書)』을 발표하고 대륙이 타이완에 대하여 '평화통일'의 정책을 시행할 것이라고 밝혔다.[188] 1987년, 타이완 당국은 중국 대륙에 대한 정책 조정을 실시하고 고령의 병사들이 고향으로 돌아가서 부모를 만날 수 있게 하는 등의 조치를 통해 양안 간에 장기적으로 단절된 상황에 변화를 일으켰다.

냉전시기에 남북한관계도 마찬가지로 우여곡절이 많았다. 한국전쟁이 끝난 후 남북한 양측은 최초의 대치상태로 70년대까지 이어온 후

188 1950년대부터 중국정부는 '무력해방'으로부터 '평화적인 타이완 해방'으로 정책을 바꾼다고 제시하였다. 그러나 문화대혁명의 충격으로 중국공산당의 타이완에 대한 정책은 다시 '반드시 타이완을 해방시켜야 한다(一定要解放台湾)'라는 강경한 입장으로 바뀌었다. 阎安：《'文革'时期中共对台政策》, 载《内蒙古工业大学学报》1999年第1期。

비밀 접촉을 시도하였다. 이 후 '남북 이산가족 상봉문제'로 회담을 열고 일련의 민족해방 정책들을 반포하였으며, '7·4 남북 공동 성명'을 체결하는 등 역사적인 진전을 이루었다.[189] 그러나 남북한 양측은 통일의 형식과 방법에 있어 심각한 의견 차이를 갖고 있어서 양측 관계의 경쟁성과 대치적 특성은 사라지지 않았다.

3) 냉전 후의 양안관계와 남북한관계

냉전이 끝난 후에 양안관계와 남북한관계에는 모두 커다란 변화가 생겼다. 완화와 대치의 국면이 냉전 시기보다 더욱 선명하게 드러났다.

'문화대혁명'이 끝난 후 1977년, 타이완 사업가 궈타이밍(郭台銘)은 가장 먼저 중국 대륙에 투자를 결정하였다. 1988년 국무원에서 22가지 '타이완 동포의 투자 격려를 위한 규정'을 발표하였다. 1989년부터 국무원에서 타이완 사업가를 우대하는 새로운 조치를 발표하여 이들이 대규모로 대륙에 투자를 하기 시작하였다. 1992년 덩샤오핑의 남순강화 후 '대륙이 개혁개방이라는 진일보의 큰 방향으로 나가게 되었다. …개혁개방 이래 타이완 투자의 첫 번째 정점을 찍었다.'[190] 대륙의 넓은 시장, 저렴한 노동력 인건비, 규제 우대조건으로 타이완 사업가들의 대륙 투자규모는 점점 커져갔고, 투자 지역도 점점 넓어졌다. 그러나 양안의 경제무역 관계의 강화와 달리 정치관계는 기복이 심하였다. '왕

---

189 金祥波：《冷战时期朝鲜的对韩政策及北南关系的发展》，载《延边大学学报(社会科学版)》2010年第4期。

190 曹小衡：《台商大陆投资生态图》，载《今日中国》2013年第11期。

구회담(汪辜會談)'이 양안 정치 화해의 첫발을 내딛게 하였다면, 리덩후이(李登輝)가 반포한 '양국론(兩國論)'은 완화된 양안 국면을 다시 대치상황으로 밀고 나가게 했다. 1955년부터 1996년까지의 타이완 해협 위기는 양안관계의 정치적 대치상황이 군사적 대치상황으로 전환될 위험이 존재한다는 것을 보여주고 있었다. 2000년에 민진당(民進黨)이 정권을 잡은 후 8년간 천수이볜(陳水扁)은 대륙에 대항하는 정책을 고려하였고, 양안관계는 긴장된 상태가 계속 되었다. 2008년에 이르러 마잉주(馬英九)가 총통으로 당선 된 이후 양안관계는 다시 완화되는 상황으로 돌아갔다.

냉전 이후 남북한관계의 발전은 각계에서 주목하는 중요한 문제가 되었다. 1991년 냉전이 끝난 초기에 북한과 한국은 동시에 UN에 가입하였다. 이는 양측이 '서로 인정하지 않던 대치관계에서 서로 포용하고 공존하는 관계로 발전했음'을 보여주었다.[191] 1991년 남북한은 잇따라 『남북 사이의 화해와 불가침 및 교류 협력에 관한 합의서』와 『한반도 비핵화공동선언』을 체결하였다. 21세기에 들어서자 김대중, 노무현 당시 대통령은 각자의 임기 내에 북한을 방문하고 김정일 위원장과 남북 정상회담을 진행하여 남북한 관계의 완화된 국면이 확립될 것 같았다. 그러나 관계 정상화와 핵 문제에서 첨예한 모순이 드러났고, 부시 미 대통령 집권시기에 북미관계가 급격하게 나빠져서 북한은 핵 문제에 있어서 강경한 입장을 고수하였다. 이명박 대통령이 취임한 후 한국은 북한에 대한 정책을 조정하여 양측의 관계는 급격하게 악화되었다. 이

191 尹大奎：《冷战后朝鲜半岛南北关系的变化及发展前景》，载《韩国研究论丛(第八辑)》2001年，第31页。

시기에 북한의 지도자도 바뀌어 김정은이 김정일에 이어 북한의 최고 지도자가 되었다. 거의 동일한 시기에 북한의 핵 위기가 가속화되고, '천안함'사건, 연평도 포격사건 등이 발생하여 이 전에 성사된 모든 합의들이 결렬되었고 남북한은 냉전시기 보다 더 심각한 대치상황으로 치닫게 되었다. 박근혜 대통령이 취임한 후 남북한관계는 점차 완화와 대치 사이의 나름 안정적인 상태에 놓였다. 남북한 사이의 긴장관계를 두고 박근혜 정부는 북한에 대한 제재를 강화하고 동시에 인도주의 지원을 병행하는 전략을 취하여 한반도의 '신뢰 정치'의 발전과정을 세우고자 하였다. 그러나 북한은 한국과 미국 사이의 동맹관계가 양측의 신뢰를 쌓는데 중요한 방해가 된다고 여기고 한국이 제시한 대화하자는 제안을 보류하고 대치국면을 유지하고 있다.

2. 양안관계와 남북관계의 비교사례연구

1) 비교연구의 의의 및 그 바탕

중국 학계의 양안관계와 남북한관계의 완화와 충돌의 원인에 대한 연구는 적지 않다. 그러나 이들 관계에 대해 비교연구를 진행한 글은 많지 않다. 학계에서는 두 관계를 각각 독립적인 연구로 진행하여 연구방법과 그에 따른 해석은 모두 각자 특색을 갖고 있다. 이러한 기존의 연구는 세부적인 것에 대해 정확하게 분석하고 있고, 그 관계의 특수성을 더 잘 보여주고 있는 장점들을 갖고 있다. 그러나 독립적이고 개별적인 연구는 소홀히 해서는 안 되는 문제점을 안고 있기도 하다. 높은 특별성(ad hoc)은 한 가지 관계에 있어서만 적용되고 다른 종류의 관계에는 적용할 수 없는 것이다. 방법론에서 단적인 사례분석(single-case study)은 보편성이 결여되게 할 수 있으며, 특히 유사한 요소의 적용이 어려울 수도 있다.[192]

그 예로 양안관계에서 정체성을 들 수 있다. 리덩후이(李登辉)와 천수이볜이 정권을 장악하고 있을 때 적극적으로 '탈중국화(去中國化)'고 하여 학교 교재를 수정하고 중국역사 내용을 줄이고 타이완역사의 비중을 많게 하는 조치들을 실행하였는데 이는 타이완 젊은이들의 '중국인'임을 인정하는 비율이 낮아지는 결과를 가져와서 양안관계의 잠재적 위협을 초래하였다. 이러한 견해는 학술계에 중요한 영향을 미치고 있다. 그러나 남북한관계와 비교했을 때 북한과 한국은 항상 양측이 동일한 민족에 속한다고 인정하고 있었음을 알 수 있다. 이러한 신분에 대한 인정은 강렬하도록 일치한 면을 보여주고 있지만 북한과 한국관계의 대치 상황은 이로 인하여 완화되지는 않았다.[193] 신분의 인정은 다만 경쟁성 정치 실체 관계를 완화하는 필요조건이지 충분한 조건은 아니다. 또 민주와 언론 등 자유주의 관점에서 보면 민주정체(政體)가 완화 정책에 더욱 유리하고, 권위체제의 정치실체는 대항하거나 나아가 군사적인 수단으로 양측관계를 처리하는 데 유리하다고 여기는 연구들도 있다. 이러한 관점은 항상 한국민주화가 완성되기 전후의 남북

192 John Gerring, *Case Study Research: Principles and Practices* (Cambridge University Press, 2007), p. 28.

193 Steve Chan, Richard Hu and Injoo Sohn, "Politics of détente: comparing Korea and Taiwan", *The Pacific Review*, Vol. 26, No. 2 (2013), pp. 199-220.

한 관계의 변화를 설명하는 데 사용된다.[194] 그러나 양안관계로 비교를 해본 결과 타이완에서 정당이 교체된 후에 민진당은 끊임없이 양안관계에 대하여 '정명(正名)', '제헌(制憲)' 등 도발적인 행위를 하여 양안의 정세를 더욱 긴장하게 만들었다. 따라서 사례 비교분석을 통하여 중요하게 보여 졌던 영향요소들을 효과적으로 없앨 수 있다.

이 글의 시작에서 언급했듯이 양안관계와 남북한 관계를 경쟁적 정치 실체간의 관계로 개념화 한다면 비교연구를 진행이 가능할 뿐 아니라 더욱 중요한 연구 가치를 갖게 될 것이다. 따라서 양안관계와 남북한관계에 대하여 비교연구를 할 때 '가장 유사한' 비교 사례로 간주하면 경쟁성 정치 실체관계에 영향을 주는 요소와 체제를 없애기 위한 조건을 만들 수 있다. 이 두 종류의 관계를 비교할 수 있는 바탕은 다음의 몇 가지에 있다. 첫째, 두 종류의 관계의 발생과 발전에는 비슷한 배경이 있다. 양안관계 및 남북한 관계는 모두 동아시아에서 발생하였고 모두 유교문화권에 속해있으며 모두 냉전이라는 배경 하에서 생긴 것이다. 이 두 가지 관계의 형성과정을 살펴보면 강대국 세력이 중간에서 중요한 역할을 했음을 알 수 있다. 따라서 오늘날 두 관계의 발전을 논의할 때 여전히 강대국의 영향에 주목을 해야 한다. 둘째, 두 관계는 과거에 모두 이데올로기와 안보이익 측면의 대립이 있었다. 다시 말하면 통일문제는 양측에 있어서 주권 경쟁의 의미가 있을 뿐 아니라 이데올로기와 발전 노선 선택의 경쟁문제가 존재하고 있다고 할 수 있다. 셋

194 朴英镐：《韩国的对朝政策与南北关系：冷战结束后的变化过程》，载《东北亚和平与发展研究(下) －东北亚地区和平与发展第十一次国际会议论文集》，长春，吉林大学，2004年。

째, 두 관계의 발전과정 중에 과거에 모두 완화와 대치 상황이 교차하여 나타나는 현상이 존재하였다. 이는 상관 변수를 장악하는 데 중요한 예를 제시하였다.

2) 경쟁성 정치 실체의 일반관계 발전 양식

경쟁적 정치 실체로서 그 관계 발전은 늘 두 측면의 요소의 종합적 작용에 의해 결정된다. 국제 관계 요소와 국내 요소가 서로 영향을 준 결과라고 할 수 있다. 국제 관계연구 중의 투 레벨 게임(two-level games)의 이론을 가져와서 말하자면 이 글에서는 두 측면의 요소를 종합하여 논의를 진행한 것이다.

투 레벨 게임은 외교 회담 중 전략 해석에 사용하는 이론이다. 국제 관계 연구 중에서 연구자들은 늘 층차적인 분석법을 사용한다. 국제 체계의 층차적 연구는 국제 시스템 구조와 국가의 위치를 변수로 보고 분석을 하는데 국가 층차적 연구는 국가의 정치제도, 사회형태, 문화가치관 등을 변수로 보고 분석을 한다. 푸트남(Putnam)은 많은 국제 회담의 정치는 투 레벨 게임으로 구상할 수 있다고 한다. 모든 책략자들은 국제와 국내 두 구조를 동시에 대면해야 하기 때문이다.[195] 국가적인 차원에서 국내 그룹은 정부에 압박을 가하는 시기에 자신에게 유리한 정책을 취할 수 있고, 정치가는 이러한 그룹들을 통하여 동맹을 만들어서 권력을 도모할 수 있는 것이다. 국제적인 차원에서 정부는 국내의 압박

195 Robert Putnam, "Diplomacy and domestic politics: the logic of two-level games," *International Organization*, Vol. 42 (1988), pp. 427-460.

을 만족시키는 능력을 최대화해야 하고 국외 발전의 부정적인 결과를 최소화해야 하는 것이다.[196] 국정과 외교의 상호 작용 양식은 전략이 놓인 적나라한 환경을 정확하게 보여주었다.

경쟁적 정치실체의 관계를 고려해보면, 투 레벨 게임은 구체적인 양국 관계의 발전을 위하여 분석적인 시각을 가져다 줄 수 있다. 양국 관계에 영향을 주는 직접적인 원인은 양측에서 취하는 정책의 성질에 있다. 양측에서 모두 적대하거나 완화의 정책을 펼칠 때 양국의 관계의 기본 특성이 결정되는 것이다. 당사국에서 완화 혹은 대항 정책을 결정하는 것은 국제 환경과 국내 환경 두 측면의 영향을 받기 때문이다.

이 글에서는 국제적인 측면에서 양국 관계의 특성에 영향을 주는 중요한 요소는 실력 분배로 결정된 국제 환경 구도라고 생각된다. 신현실주의는 시스템의 구조가 국가의 행위를 결정한다고 제시하였다. 다시 말하면 구조는 한 나라의 대외행위를 결정할 수 없다는 것인데 당연히 양국 관계가 완화된 상태인지 긴장된 상태인지 결정할 수 없다. 같은 연장선에서 한 정치실체의 대외행위는 반드시 시스템의 구조를 반영하는 것이 아니라고 할 수 있다. 그러나 구조의 의미는 처벌체제(예를 들면 작은 나라가 맹목적으로 대국에 대하여 도전을 했을 시 초래되는 생존 위협)를 통하여 나라가 행위에 대한 선택공간을 제한할 수 있다. 또한 격려하는 방식(예를 들면 국가는 동맹을 맺는 것을 통하여 대국의 위협을 제약하여 생존을 보호하는 것)을 통하여 나라가 시스템요구에 맞는 방식으로 행동하는 것을 격려한다. 구체적으로 경쟁성 실체 간의 상호작용의 측

196 钟龙彪：《双层博弈理论：内政与外交的互动模式》，载《外交评论》2007年第2期。

면을 들 수 있는데 양국관계에 영향을 주는 구조는 실력대비관계와 직접적인 상관이 있다는 것이다. 이는 두 가지 측면의 의미를 내포하고 있는데 바로 경쟁성 실체 간의 실력 대비관계(경쟁구조)와 체계적인 대국 사이의 실력대비관계(시스템구조)이다. 두 경쟁적 실체의 실력 수준이 비슷하고 완화와 대항의 관계를 유지하는 확률이 높아지고 두 경쟁적 실체의 실력이 차이가 많이 나면 양국 관계에 큰 변화가 생길 가능성이 높다. 두 당사국의 실력이 체계적인 강대국의 실력과 차이가 많이 나면 관계의 특성(완화 혹은 대항)은 강대국의 태도에 의해 결정된다. 두 당사국 중의 한 나라가 강대국의 실력과 차이가 좁혀지면 당사국 양국의 관계의 성질은 실력이 높아진 나라와 강대국에 의해 결정된다.

국내적인 측면에서 보면 양국관계에 영향을 주는 요소는 아주 많다. 케네스 왈츠(Kenneth Waltz)가 언급한 것처럼 국제적인 결과와 외교정책은 서로 별개의 것이다. 외교정책에 이론이 없다면 책략을 결정하는 과정에 영향을 주는 요소가 많기 때문에 규칙적인 현상을 찾기 힘들 것이다.[197] 지도자의 성격 특징, 국가 전략 체제, 국내 정치경제 국면과 사회의식 형태 등 여러 가지 요소들은 서로 다른 시기에 다른 방식으로 나라의 대외활동에 영향을 준다. 그러나 만약 오직 제한된 행동 범주 구조만 있고 직접적으로 정책에 영향을 주는 개별적 요소가 없다면 양국관계의 기복변화를 이해할 수 없다는 것은 분명한 사실이다. 이 글에서는 상호 의존도가 제일 관건적인 영향 요소라고 생각된다. 경쟁적 정치실체 간의 상호 의뢰도가 높을수록 양국 관계를 방해하여 대항하는 상황이 나타나는 가능성이 높고 반대로 서로에 대한 의존도가 낮을수

197 [美]肯尼思·沃尔兹:《国际政治理论》, 信强译, 上海人民出版社, 2003年版。

록 양국 관계를 방해하여 대항하는 상황이 나타나는 가능성이 낮다. 여기에서 상호 의존은 양국이 서로 정치와 경제목표의 실현을 상대국에게 의뢰하는 행위를 말한다. 이것은 정치와 경제를 종합한 이중적인 의미를 포함한 개념을 말하는 것으로 양국 경제무역 관계는 상호 의존도를 가늠하는 지표일 수는 있지만 유일한 지표가 될 수는 없는 것이다.

3) 양안관계와 남북한 관계의 비교와 검증

총체적으로 우리는 투 레벨 게임의 측면에서 양안관계와 남북한 관계에 대하여 각자에 맞는 검증을 하여 경쟁성 정치실체관계가 발전할 수 있는 일반적인 형식을 찾는 데 도움이 되도록 해야 한다.

양극구도에서 보면 양안관계와 남북한 관계의 성격은 비교적 안정되고 변화의 폭이 비교적 적다. 냉전 기간에 중국 대륙과 타이완, 북한과 한국 이 두 관계가 보여주는 실력 대비는 상대적으로 안정적이었고 큰 변화가 발생하지 않았다. 또한 체계적인 강대국(미국과 러시아)와 실력 차이가 커서 이 종류의 관계의 대항과 완화는 미국과 러시아의 대중국 정책과 대한반도 정책의 영향을 많이 받았다. 다시 말해서 그들은 강대국과 대결할 때 정책을 만들어내는 능력이 떨어졌다.

냉전 후의 단일 구도에서 보면 양국 관계는 체계적인 대국 미국의 영향을 직접 받는다는 것을 알 수 있다. 냉전이 끝난 후에 양안관계와 남북한 관계의 상황이 점점 더 복잡하게 되었다. 양안관계로 놓고 보면 1991년 냉전이 끝나서부터 2008년의 근 20년이 되는 이 시기에 미국은 아주 중요한 역할을 맡았다. 내전이 끝난 후 양안관계가 처음으로 치열하게 대치한 것은 1995-1996년 타이완 해협 위기 때였다. 클린턴 정부는 중국의 반대를 무릅쓰고 리덩후이에게 비자발급을 해주어 코넬 대학에서 '국민들이 원하는 바가 내 안에서 자라고 있다(民之所慾, 長在我心).'라는 제목으로 강연할 기회를 갖고, '양국론'을 제시하였다. 중국 대륙이 타이완해협에서 유도탄 시험 사격 군사훈련을 할 때 미국의 항공모함은 타이완 해협에 접근하여 순항하면서 중국을 저지하려는 뜻을 드러냈다. 2001년 9·11사건이 일어나기 전 미국정부는 양안관계에서 '중국을 누르고 타이완을 지지하는(抑中扶台)' 전략방침이 두드러지게 드러났다. 부시는 선거운동을 할 때와 취임 초반에 심지어 '온 힘을 다하여 타이완을 협조한다.'라는 표현을 사용하기도 하였다.[198]

9·11 사건이 발생한 이후에 미국은 글로벌 테러와의 전쟁 시기에 들어섰다. 한편으로 미국은 테러와의 전쟁에 전념하기 위하여 아시아 태평양지역의 안정화가 시급하였다. 다른 한편으로 중국은 사실상 테러와의 전쟁 초기부터 부시 정부를 지지하였다. 따라서 천수이볜이 끊임없이 '성적문제(省籍问题: 대륙에서 온 외성인과 타이완 본성인 간의 갈등)', '탈중국화(去中國化)', '공민투표로 헌법 제정(公投制宪)', '타이완의 법적 독립 관리(法理台独)' 등으로 대륙에 도발할 때마다 부시정부는 천수이볜을 논란을 만들어 내는 사람이라고 질책하고 민진당 당국의 '독립'경향을 강력하게 제지하였다. 이 시기에 미국의 타이완에 대한 정책은 '독립을 반대하고 안정을 유지'하는 특징을 두드러지게 드러내고 있다.

남북한관계의 입장에서 봤을 때 미국의 한반도정책은 줄곧 양국관계의 발전방향에 영향을 주는 중요한 요소였다. 냉전이 끝난 후 북한은

---

198 "Bush Vows Taiwan Support," *ABC news* (Apr. 25, 2001), http://abcnews.go.com/US/story?id =93471&page=1.

심각한 경제위기에 봉착하여 전체적으로 국력이 급격하게 떨어졌다. 이와 동시에 한국은 경제력과 군사력 측면에서 이미 전반적으로 북한을 앞서고 있었다. 그러나 역내 권력구조의 변화에 따라 북한은 한국을 회담의 대상으로 여기지 않고 미국과의 관계에 중점을 두고 바라보았다. 북한의 측면에서 보면 미국이 없다면 한국은 그 어떤 결정도 할 수 없게 보였다. 북한 핵 관련 6자 회담을 예로 들면 북한은 한미 군사동맹이 북한 생존에 직접적인 위협이 된다고 여겼다. 북한이 6자회담에 참여하는 중요한 목표는 핵무기 포기를 통하여 미국이 북한에 대한 정책을 평화조약 체결, 미군 철수, 한미 군사동맹 폐지로 북한이 안보에 대한 걱정을 완전히 없애는 것이었다. 그러나 미국은 북한이 먼저 핵 계획을 포기하는 것을 회담진행의 전제조건으로 하고 있기 때문에 양측은 이 문제에 있어서 근본적인 차이를 갖고 있다. 따라서 정권을 공고히 하기 위하여 북한은 계속 한국과 미국에 대한 정책 측면에서 완화와 대항하는 상황을 알맞게 만들어가며 정책의 다변성을 통하여 일정한 융통성 있는 전략을 취할 것이다. 북한자체의 국력이 낮고 전략적인 면에서 민감성이 높아 논쟁이 있는 모든 정책과 사건에 강렬한 반응을 일으키게 된다. 북한의 국력이 약해지면서 주권전쟁 속에서 불리한 측으로 치우치게 되는데 이러한 두드러진 현상은 비대칭적인 형식으로 표현된다.[199]

중국의 발전은 양안관계에 대한 미국의 영향력의 축소를 불러왔다. 2008년 이후에 중국이 빠르게 발전함에 따라 타이완 지역과 국제체계

199 예를 들면, 연평도 포격, 천안함 사건 내지 북한의 핵 계획 모두 이러한 비대칭 반응의 구체적인 표현으로 간주할 수 있다.

의 이중적인 구조에 모두 변화가 생기기 시작했다. 특히 냉전시기와 냉전 후 20년 동안 미국의 타이완 문제에 대한 영향력이 점점 낮아지는 추세를 보이고 있었던 것에 주목을 해야 한다. 이는 한편으로 중국의 힘이 강대해지고 미국의 간섭을 저지하는 능력과 수단 또한 상대적으로 늘어난 것이기 때문이다. 다른 한편으로는 미국 또한 중국과의 관계를 더욱 신중하게 처리했기 때문이다. 중국의 국력이 전반적으로 신속하게 발전한 것은 타이완과 미국에 대하여 일정한 긴장감을 조성하였다. 대륙의 고속 성장은 타이완에 충격을 안겨주었을 것이다. 타이완 내부에서는 현재 대륙 시장이 필요할 뿐만 아니라 더욱 중요한 것은 대륙이 성장하는 것에 편승하여 타이완 경제를 발전시키는 것이다. 다른 한 측면에서 보면 타이완의 '정치 독립성'은 강대한 대륙을 점점 감당할 수 없었다고 할 수 있다. 북한과 유사하게 타이완은 중국 대륙의 '정통성' 경쟁에서 우위를 차지할 수 없음을 느꼈을 것이고 따라서 긴밀한 경제관계에 있어서 타이완 내부 일부 사람들은 '정통성'을 완전히 상실할 것을 두려웠을 것이다. 이는 또한 이른바 '태양화(太陽花)' 학생운동의 심층적인 사회연원이라고 할 수 있다. 이로부터 알 수 있는 것은 중국이 완전하게 양안관계 주도적 위치를 확보하기 전에는 타이완의 대륙에 대한 정책은 앞으로 흔들릴 가능성이 많아질 것이다. 중국의 부상은 체계적인 측면에서 미국에게도 긴장감을 갖게 하였다. 중국은 현재 미국 다음의 두 번째 경제대국이 되었는데 영국의 이코노미스트지에서 2021년에는 미국을 초월할 수 있다는 예측까지 하였다. 오바마는 취임한 후 전략 중심을 조정하기 시작하였는데 아시아재균형 전략을 추진하여 주요목표를 아시아 태평양지역에서 중국의 영향력을 견제시키는 것으로 하였다.[200] 중국과 타이완의 경쟁성 관계가 여전하다면 미국은 여전히 타이완의 중국에 대한 관계에서 지렛대 역할을 발휘할 수 있을 것이다. 현재와 앞으로 한동안 미국의 타이완정책과 대중국 정책은 중국의 세력을 견제하는 방향으로 갈 것이라고 생각된다.

서로 의존도를 높이는 것은 양국 관계의 대항 정도를 낮게 할 수 있다. 장기적으로 안정성을 띠고 있는 국력에 비하여 상호 의존도는 양국 관계에 중요한 정책 영향력을 갖고 있다. 양안관계로 놓고 말하면 개혁개방 때부터 양측 경제무역관계가 날로 밀접해짐에 따라 양국은 상호 의존도를 높여왔다. 따라서 경제관계는 양국 관계 중에서 아주 중요한 안정장치를 구성했다고 할 수 있다. 민진당이 집권하는 8년의 기간 동안에도 경제무역관계가 지속적으로 발전하였기에 타이완 사업가, 타이완 투자자금 등으로 이루어진 경제이익관계는 타이완에 있어서 더욱 중요하게 되었다. 이에 천수이볜이 다룬 '국민투표' '독립간섭' 등의 문제는 국민들의 지지를 얻지 못하였다. 이는 양국 관계가 전면적으로 대항의 방향으로 가는 것을 효과적으로 막을 수 있었다. 이와 비교할 수 있는 북한과 한국 사이의 경제무역 관계는 아주 취약하여 한국이 북한에 대한 투자 항목들은 북한 경제에 영향을 줄 수 있는 수준에 이르지 못하고 있다. 몇 개의 경제 협력 프로그램의 규모는 매우 제한적이어서 양국 정치군사 관계에 문제가 생기면 경제관계에도 직접적인 영향을

---

200 미국의 아시아 재균형 전략목표에 대하여 중국과 미국의 학계에서는 모두 깊이 있는 연구가 이루어졌다. 비록 치중하는 바가 서로 다르지만 대체적인 연구는 모두 이것이 중국이 일어나는 것에 대한 중요한 조치라고 여긴다. 吴心伯：《奥巴马政府与亚太地区秩序》, 载《世界经济与政治》, 2013年第8期, 朱峰：《中美战略竞争与东亚安全秩序的未来》, 载《世界经济与政治》2013年第3期。

받게 되는 것이다. 남북한 경제무역 관계는 대항으로 발전하는 것을 저지하는 능력이 비교적 약한 편이다.

경제무역관계는 단지 서로 의존할 수 있게 하는 하나의 측면일 뿐이다. 양국의 정치관계 발전은 서로 의존할 수 있게 하는 중요한 내면적 의의를 갖고 있다. 만약 양호한 정치관계를 잃어버리게 되면 '경제는 긴밀하고 정치는 대항적'인 국면이 쉽게 나타날 수 있는데 이러한 상황은 천수이벤이 집권할 때에 가장 대표적이었다고 할 수 있다. 따라서 상호 의존의 중심은 양국 내부 정치경제 목표 확정과 실행에 있다고 할 수 있다. 중국과 타이완은 경제무역 연계가 밀접하나 정치관계에서의 소원함은 짧은 시간 내에 해결할 수 없는 것이어서 양국 관계가 완화된 국면을 지속해나가는 것에 부정적인 영향을 주고 있다. 같은 이치로 남북한 관계의 대치상황도 여전히 핵심적인 정치관계 문제를 해결할 방법이 없어서 그렇다고 볼 수 있다.

3. 양안관계와 북한관계 비교 정책의 시사점

중국을 놓고 말하면 국가의 통일을 실현하는 것은 중요한 전략적 목표이다. 완화된 양국 관계는 평화적 방식으로 이 목표를 실현하는 데 도움이 된다. 양안 관계와 남북한 관계를 대조 해본 결과 중국 자체 국력신장은 이중적인 의미를 갖고 있다는 것을 알 수 있다. 단순한 국력 향상은 상대국과 강대국으로 하여금 공황상태에 빠지게 할 수 있어 반드시 두 나라의 완화한 상태를 유지할 수 있다고는 할 수 없다. 따라서 반드시 체계적인 정책 조치를 실시해야 하는데 체계적인 대국이 양국

관계에 대한 실질적인 영향을 최대한 배제하고 상대방의 안전에 대한 걱정을 없애는 것을 목표로 해야 한다. 이러한 조치에는 아시아 태평양 지역에서 비교적 안정적인 중미관계를 구축하고 유지하는 것, 타이완과 정치 안보 면에서 상호신뢰를 갖는 것, 행동과 제도 면에서 공포감을 없애거나 줄이는 것 등을 포함할 수 있다. 상호 신뢰관계가 깊어지면 양안관계가 대립을 저지하는 중요한 요소가 될 수 있다. 경험적인 사실에 근거하여 보면 서로에 대한 의존도를 높이는 것으로 양국관계의 경쟁성을 타파할 수 있는 동력을 부여할 수 있다는 생각은 하지 않는 게 좋을 것이다.

현재의 비교연구는 국민들의 정체성 측면과 세계적인 측면의 요소가 서로 상관이 없다고 하는 것은 아니다. 다만 이러한 요소는 무의식 중으로 영향을 받는 것이고 많은 시간이 필요하다. 따라서 민간교류를 계속 강화하고 '양안일가친(兩岸一家親)'의 중화의식을 강화하는 것은 완화된 양안관계를 지속시키기 위해 필요한 것이며 또한 매우 중요한 요소가 될 수 있다.

부록

공동 국제학술회의 개막축사

부록 1

연세대학교 정갑영 총장 축사

안녕하십니까? 연세대학교 총장 정갑영입니다. 연세대학교 김대중도서관과 중국 남개대학교 주은래정부관리학원이 공동으로 주최하는 학술회의를 위해 연세대학교를 찾아주신 남개대학교 궁커 총장님을 비롯한 관계자분들께 깊이 감사드립니다. 그리고 축사를 맡아주신 이해찬 의원님, 기조강연을 맡아주신 임동원 전 장관님께도 진심으로 감사드립니다.

이번 학술회의를 연세대학교와 남개대학교가 공동으로 개최할 수 있게 된 것은 두 대학과 김대중-주은래 두 정치지도자와의 각별한 인연 덕택입니다. 먼저 남개대학교는 주은래 총리의 모교이자, 남개대학교 주은래정부관리학원은 중국 지도자의 이름으로 명명된 유일한 단과대학입니다. 김대중 대통령께서는 아태재단 이사장 시절인 1994년에 남개대학교 명예교수로 위촉되어 남개대학과 특별한 인연을 맺었고, 연세대학교 김대중도서관은 김대중 대통령이 기증해서 설립된 아시아 첫 대통령 도서관입니다. 이 같은 인연으로 연세대학교와 남개대학이 공동으로 두 분의 평화외교사상을 재조명하기 위한 국제학술회의를 개최하게 됨을 매우 기쁘게 생각합니다.

김대중 대통령과 주은래 총리 두 분은 비록 살아온 시대가 조금 다르지만 세계 평화 증진을 위해 많은 업적을 이룩하였습니다. 김대중 대통령은 대화와 협상을 통해서 북한의 변화를 이끌어내는 햇볕정책으로 한반도에 평화를 정착시키고자 했습니다. 주은래 총리가 강조하신, 강대국과 약소국을 차별하지 않고 이념에 관계없이 평등한 국제관계를 발전시켜야 한다는 구동존이(求同存異) 원칙은 지금도 중국외교의 기본 원칙으로 자리하고 있습니다. 이처럼 김대중, 주은래, 두 분 모두 국제관계에서 항상 평화와 공존을 위해 노력하셨습니다.

지구촌이라는 말처럼 국가 간 교류가 날로 확대되고 있지만, 동시에 마찰과 갈등 또한 심화되고 있는 현 시점에서, 두 정치지도자의 정치철학은 우리들에게 많은 것을 돌아보게 합니다. '김대중-주은래 평화외교사상 재조명'을 주제로 한 이번 학술회의를 통해서 나온 여러 논의들이 앞으로 한반도와 동북아 지역의 평화와 발전을 위한 밑거름이 되었으면 하는 바램입니다.

끝으로 이렇게 훌륭한 학술회의 준비를 위해서 수고하신 문정인 김대중도서관장을 비롯한 관계자분들에게 감사의 뜻을 전합니다. 감사합니다.

2015년 1월 26일

연세대학교 총장 정갑영

부록 2

남개대학교 궁커(龔克) 총장 축사

존경하는 대회 의장님,
존경하는 내빈 여러분,
신사 숙녀 여러분,

저와 남개대학에서 온 일곱 분의 동료들은, 한국 연세대학교에서 개최한 '김대중과 주은래 외교사상 비교 연구' 학술회의에 참여하게 된 것을 영광으로 생각합니다. 우선, 저는 남개대학을 대표하여 이번 학술회의가 원만하게 끝날 것을 미리 축하드립니다. 그리고 학술회의 주최 측이 회의를 기획하고 준비하느라 수고하신 것에 대하여 감사드립니다.

이 회의에 참석하면서 저는 '우리가 왜 주은래를 연구해야 하는가?'라는 문제에 대하여 생각하게 되었습니다.

이 문제에 대하여 사람들은 항상 역사적인 시각으로 대답하려고 합니다. 왜냐하면 주은래는 20세기 중국에서 가장 영향력이 있는 정치인이기 때문입니다. 20세기의 중국을 잘 알기 위해서는 반드시 주은래에 대하여 연구해야 합니다. 또한 주은래는 중국공산당 최초의 당원일 뿐만 아니라 또 1927년부터 1975년까지 늘 중국공산당의 핵심 지도자역할을 하였고 중국공산당 93년 역사에서 임기가 가장 길었던 지도자였습니다. 따라서 중국공산당에 대하여 잘 알기 위해서는 반드시 주은래를 연구해야 합니다. 그리고 주은래는 중화인민공화국의 주요 창건자 중의 한 명으로 신중국 63년의 역사로 놓고 볼 때 그는 신중국 성립 때부터 서거할 때까지 27년간 총리직을 맡았습니다. 따라서 신중국을 잘 알려면 반드시 주은래를 연구해야 합니다. 그러나 21세기의 오늘날, 중국공산당, 중화인민공화국과 전 세계가 거대한 변화를 가져왔고 또한 끊임없이 발전 중인 오늘날, 주은래를 연구하는 것은 과연 어떤 현실적인 의의가 있을까요?

역사와 현실은 분리될 수 없다는 것에는 의심의 여지가 없습니다. 하나의 민족, 하나의 정당, 하나의 국가, 나아가 전체 인류 세계는 모두 역사로부터 미래를 향하여 나아가는 것입니다. 이것이 바로 우리가 역사 및 그 인물과 사건을 연구하는 보편적인 이유라고 할 수 있습니다.

하지만 나는 중국이 빈곤에서 부강으로, 봉쇄에서 전면 개방으로 나아가는 중요한 역사적 시기이며 중국의 국제지위와 국제관계에 큰 변화가 일어나고 있는 역사적인 시기에 주은래를 연구하는 것은 여전히 현실적인 의의를 가진다고 생각합니다.

주은래의 외교사상에 대해 여러 연구 과제가 있습니다. 우리는 주은래의 외교사상과 외교풍격을 잘 알아야 합니다. 주은래가 신중국을 위하여 어떻게 외교정책의 토대를 마련하였는지, 신중국을 위하여 어떠한 국제 외교 국면을 열었는지, 그가 어떻게 신중국을 위하여 세계의 존중을 얻게 되었는지 잘 살펴보아야 합니다. 또한 주은래 외교사상과 외교풍격의 역사와 문화적 연원에 대해서도 잘 파악해야 하고 특정적인 역사상황을 넘어선 영원한 가치의 내면적 의의 또한 제대로 알아야 합니다.

더욱 중요한 것은 이러한 이해와 인식의 기초와 현재의 역사조건 아래에서 주은래가 마련한 신중국 외교 원칙을 견지하고 발전해나가는 것입니다. 예를 들면 독립 자주를 유지하여 그 어떤 강대국과 강대국 연합에 의지하지 않는 원칙을 지키고, 패권을 반대하는 원칙을 지키는 것 등입니다. 또한 다른 사람이 패권을 휘두르는 것을 반대하며, 우리 또한 그 어떤 패권도 휘두르지 않는다는 것은 우리가 반드시 영원히 지켜야할 원칙입니다. 이는 발전하기 시작한 중국에 있어서 특히 중요한 것이라고 할 수 있습니다. 혹여 주은래의 외교방침이 중국이 아직 빈곤하고 취약한 단계에 처해있을 때의 일시적인 대책이었을 뿐이라고 평가한다면 이는 크게 잘못된 것입니다. 상호 주권과 영토완정을 존중하고, 상호 침범하지 않고, 내정을 간섭하지 않는 것, 호혜 평등, 평화공존 5대 원칙은 주은래가 중국과 세계에 이루어놓은 제일 위대한 시대를 뛰어넘은 업적의 하나라고 할 수 있습니다. 이는 중국의 문화와 세계 문명에 대한 깊은 이해에 의한 것이며 국가 발전과 세계평화에 대한 깊은 인식에서 비롯된 것이며 민족과 전 인류에 대한 높은 책임감에서 비롯된 것입니다. 과거, 현재 혹은 미래를 막론하고 우리는 모두 스스로 철저하게 5대원칙 및 그 정신, 본질을 지켜나가야 합니다. 제 생각에는 이것이 바로 오늘날 주은래를 연구하는 현실적 의의 중 하나라고 할 수 있습니다.

신사 숙녀 여러분, 주은래는 현대 중국에서 가장 위대한 정치가일 뿐만 아니라 남개대학의 가장 우수한 동문이기도 합니다. 남개인들은 주은래에 대하여 특별한 감정을 갖고 있습니다. 또한 남개인들은 김대중 전 대통령에 대하여도 특별한 존경심을 갖고 있습니다. 우리는 파란만장한 시련을 겪으면서도 변함없이 평화민주를 추구한 위대한 그의 인격을 존중합니다. 1994년 김대중 전 대통령을 남개대학 명예교수로 초대했을 때 그는 흔쾌히 이 제안을 받아들였습니다. 4년 후에 그는 대통령으로 당선되어 한국이 위기에서 벗어나고 경제를 일으키며 한국의 국제관계를 개선하고 특히 남북평화를 추진하는 데 획기적인 공헌을 하였습니다. 남개인들은 이에 자부심을 느낍니다. 2004년 남개대학에서 100주년 건학기념을 할 때 김대중은 직접 '경천애인(敬天愛人)'을 써서 남개의 교수와 학생들을 격려한 것은 매우 뜻 깊은 행사였습니다.

오늘 남개대학과 연세대학교에서 함께 김대중과 주은래에 대하여 연구를 하는 것은 우리 두 대학이 가진 역사적 책임감을 드러낸 것이라고 할 수 있습니다. 주은래와 김대중의 정치적 유산과 인격을 후세에 전하는 것이 바로 우리의 책임입니다.

여러분 감사합니다.

2015년 1월 26일

남개대학교 총장 궁커(龔克)